蔣經國大事日記
（1986）

Daily Records of Chiang Ching-kuo, 1986

民國日記｜總序

呂芳上
民國歷史文化學社社長

　　人是歷史的主體，人性是歷史的內涵。「人事
有代謝，往來成古今」（孟浩然），瞭解活生生的
「人」，才較能掌握歷史的真相；愈是貼近「人性」
的思考，才愈能體會歷史的本質。近代歷史的特色之
一是資料閎富而駁雜，由當事人主導、製作而形成的
資料，以自傳、回憶錄、口述訪問、函札及日記最為
重要，其中日記的完成最即時，描述較能顯現內在的
幽微，最受史家重視。

　　日記本是個人記述每天所見聞、所感思、所作為
有選擇的紀錄，雖不必能反映史事整體或各個部分的
所有細節，但可以掌握史實發展的一定脈絡。尤其個
人日記一方面透露個人單獨親歷之事，補足歷史原貌
的闕漏；一方面個人隨時勢變化呈現出不同的心路歷
程，對同一史事發為不同的看法和感受，往往會豐富
了歷史內容。

　　中國從宋代以後，開始有更多的讀書人有寫日記
的習慣，到近代更是蔚然成風，於是利用日記史料作歷

史研究成了近代史學的一大特色。本來不同的史料，各有不同的性質，日記記述形式不一，有的像流水帳，有的生動引人。日記的共同主要特質是自我（self）與私密（privacy），史家是史事的「局外人」，不只注意史實的追尋，更有興趣瞭解歷史如何被體驗和講述，這時對「局內人」所思、所行的掌握和體會，日記便成了十分關鍵的材料。傾聽歷史的聲音，重要的是能聽到「原音」，而非「變音」，日記應屬原音，故價值高。1970年代，在後現代理論影響下，檢驗史料的潛在偏見，成為時尚。論者以為即使親筆日記、函札，亦不必全屬真實。實者，日記記錄可能有偏差，一來自時代政治與社會的制約和氛圍，有清一代文網太密，使讀書人有口難言，或心中自我約束太過。顏李學派李塨死前日記每月後書寫「小心翼翼，俱以終始」八字，心所謂為危，這樣的日記記錄，難暢所欲言，可以想見。二來自人性的弱點，除了「記主」可能自我「美化拔高」之外，主觀、偏私、急功好利、現實等，有意無心的記述或失實、或迴避，例如「胡適日記」於關鍵時刻，不無避實就虛，語焉不詳之處；「閻錫山日記」滿口禮義道德，使用價值略幾近於零，難免令人失望。三來自旁人過度用心的整理、剪裁、甚至「消音」，如「陳誠日記」、「胡宗南日記」，均不免有斧鑿痕跡，不論立意多麼良善，都會是史學研究上難以彌補的損失。史料之於歷史研究，一如「盡信書不如無書」的話語，對證、勘比是個基本功。或謂使用材料多方查證，有如老吏斷獄、法官斷案，取證求其多，追根究柢求其細，庶幾還原

案貌,以證據下法理註腳,盡力讓歷史真相水落可石出。是故不同史料對同一史事,記述會有異同,同者互證,異者互勘,於是能逼近史實。而勘比、互證之中,以日記比證日記,或以他人日記,證人物所思所行,亦不失為一良法。

從日記的內容、特質看,研究日記的學者鄒振環,曾將日記概分為記事備忘、工作、學術考據、宗教人生、游歷探險、使行、志感抒情、文藝、戰難、科學、家庭婦女、學生、囚亡、外人在華日記等十四種。事實上,多半的日記是複合型的,柳貽徵說:「國史有日歷,私家有日記,一也。日歷詳一國之事,舉其大而略其細;日記則洪纖必包,無定格,而一身、一家、一地、一國之真史具焉,讀之視日歷有味,且有補於史學。」近代人物如胡適、吳宓、顧頡剛的大部頭日記,大約可被歸為「學人日記」,余英時翻讀《顧頡剛日記》後說,藉日記以窺測顧的內心世界,發現其事業心竟在求知慾上,1930 年代後,顧更接近的是流轉於學、政、商三界的「社會活動家」,在謹厚恂恂君子後邊,還擁有激盪以至浪漫的情感世界。於是活生生多面向的人,因此呈現出來,日記的作用可見。

晚清民國,相對於昔時,是日記留存、出版較多的時期,這可能與識字率提升、媒體、出版事業發達相關。過去日記的面世,撰著人多半是時代舞台上的要角,他們的言行、舉動,動見觀瞻,當然不容小覷。但,相對的芸芸眾生,識字或不識字的「小人物」們,在正史中往往是無名英雄,甚至於是「失蹤者」,他們

如何參與近代國家的構建，如何共同締造新社會，不應
該被埋沒、被忽略。近代中國中西交會、內外戰事頻
仍，傳統走向現代，社會矛盾叢生，如何豐富歷史內
涵，需要傾聽社會各階層的「原聲」來補足，更寬闊的
歷史視野，需要眾人的紀錄來拓展。開放檔案，公布公
家、私人資料，這是近代史學界的迫切期待，也是「民
國歷史文化學社」大力倡議出版日記叢書的緣由。

蔣經國大事日記　導言

呂芳上

民國歷史文化學社社長

中央研究院近代史研究所兼任研究員

一、

　　許多人多注意到年輕一代的新新人類，多半要掌握的是立即、當下，要捕捉的是能看得見、聽得到、抓得住的事事物物，視芸芸之人眾生平等，不把「大咖」人物看在眼裡，昨天的事早早忘卻，明天和過去的歷史，更屬虛無又飄渺。即使對一般人，說美國總統川普（Donald Trump），很多人或還記得，談歐巴馬（Barack Obama），即已印象模糊。老蔣、老毛何許人也？知其名未必悉其實，小蔣（經國）、老鄧（小平）印象就沒那麼深刻。在臺灣，坊間對蔣經國評價不一，民間有人把「蔣經國」以臺語諧音說成「酒精國」，雖屬戲謔之語，反見親切。這時代，有人這麼說：一轉身，光明黑暗都成故事；一回眸，歲月已成風景。不過，尋根是人類本性，我們走過「從前」，要說從歷史中尋求如何面對當今問題的智慧，可能太抽象，但問那個時代、那個人物，留下什麼樣足跡？有過何等影響？還是會引發人們找尋歷史源頭的興味的。

　　近代中國歷史堪稱曲折，世界走入中國，用的是兵艦、巨砲，中國走向世界，充滿詭譎與恫嚇。於是時代

的歷史靠著領導者帶著一群菁英，以無比信心、堅韌
生命力與靈妙的模仿力和創造力，共同形塑，造成了
「今日」。

　　在歷史往復徘徊中，往往出現能打開出路的引領
人。這些有頭、有臉的人物，他們數十年一夢的人生事
跡，對天地悠悠之久，雖也一幌即過，但確實活在歷
史。最怕的是當代、後世好事者，可能為這些人塗脂抹
粉、加料泡製、打磨夯實、描摹包裝、強力推銷，變成
「聖賢」或「惡魔」，弄得歷史人物不成「人」形。

　　生前飽受公議的政治人物，過世之後也得接受歷史
的公評，這是無庸置疑。但論孫文只說他為目的不擇手
段、評蔣介石說是獨裁無膽、硬把毛澤東功過三七開，
都犯了簡化歷史的毛病；論歷史的事情，既不是痛快
的一句話可以了結，月旦歷史人物，更不該盲目恭維或
肆意漫罵可以了事。歷史人物的品評，需要多樣資料佐
證，於是上窮碧落下黃泉所得的「東西」，不能不說當
下、即時的紀錄材料，最不能疏忽。這套《蔣經國大事
日記》，作為民國、臺灣歷史人物蔣經國及其時代研究
的基礎，當之無愧。

二、

　　蔣經國生於 1910 年，1988 年過世。美國史家史萊
辛格（Arthur Schlesinger Jr.）說，二十世紀是一個混亂
的世紀，充滿了憤怒、血腥、殘酷；也充滿了勇敢、希
望與夢想。蔣經國的一生起伏跌宕夾雜著這些特色。他
幼年讀書不算多，1925 年十六歲正當人格成型之際，

被送到冰天雪地的俄國。那段時間，正是史達林掌權清
算鬥爭激烈時期，對他來說想必印象深刻，影響一生。
西安事變後抗日開戰前（1937 年 3 月），帶著俄國妻
子返國，先在家鄉溪口讀書，其後在江西保安處、贛南
專區當行政督察專員，過著中層公務員的生活，並依父
命師從徐道鄰、汪日章等人，接受經典洗禮，對傳統文
化進行「補課」，也零星通曉西方民主、法治觀念，思
想因此有進境，難免蕪雜。抗戰時期往來大後方，除了
在贛南有一批從龍之士外，在重慶擔任三青團幹校教育
長，有了幹校人脈，加上後來在臺組建青年反共救國
團，這幾批人無形中成了他後來的政治班底。

　　蔣經國真正的政治事業是 1950 年代在臺灣開始
的，1950 到 1960 年代蔣介石忙於黨的改造、政治革
新，積極準備「反攻復國」，至於情治系統、國安、國
軍政工事務多交經國負責，這一時期，國外媒體甚至形
容他為「神秘人物」。到 1970 年代聯合國席位不保，
中日、中美先後斷交，國家處境逆轉，大約此時統理國
家的權力也集中到經國身上，威權政治開始有軟化跡
象。不過直到1980 年代中期之後，已深切感受時代在
變，環境在變，潮流也不能不變。1986 年 9 月，集大
權於一身的經國總統容忍「民主進步黨」成立，等於開
放黨禁；10 月中旬決定「解嚴」，次年 7 月 15 日正式
實施；接著解除報禁、開放港澳觀光，10 月 15 日准許
老兵返大陸探親，民主化邁步向前，對長期威權統治下
的臺灣而言，不啻一場寧靜革命。當年擔任總統副手的
李登輝，後來在《訪談錄》中，很平實的說了這麼一段

話：「大家講李登輝執政十二年民主改革等等，老實講，如果這三年八個月中沒有他（蔣經國）在政策上的變化，我後來的十二年是做不了什麼事的。」

同一時期，蔣經國大量起用臺灣省籍菁英，尤其1972 年出任行政院長後，培養省籍人士不遺餘力，1984 年在謝東閔副總統之後，提名年輕得多的李登輝繼之，以當時蔣經國的身體條件和年齡，視為是接班人選，十分明顯。在行政院長及總統任職期間，蔣經國不斷走入民間、結交民間友人，1987 年又說出「我也是臺灣人」的話語，姑不論是否為政治語言，政權本土化的意味很濃，行動上則多少帶點「蘇俄經驗」味道。

1970 年代，國際逆流橫生之外，國內政治異議聲浪頻起，反對勢力運動勃發，規模不斷擴大，手段益趨激烈，當時臺灣幾乎有人心惶惶之感。這期間，1973 年及 1979 年碰到兩次石油危機、國際金融風暴。幸賴十大建設、六年經建計畫等的財經擘劃，安然渡過危局，「臺灣奇蹟」的締造，蔣經國與有功焉。長時間陪侍兩蔣身邊的御醫熊丸說，小蔣極為儉樸，樂與民眾接近，但城府深、表裡不一，恩威難測，並非好相處的朋友；已過世、有點不合時宜，與經國交過手的財經專家王作榮，佩服蔣與巨商大賈保持距離，但也直說，蔣經國是俄國史達林文化與中國包青天文化的混合產物。顯示這位國家領導人多面向的行事與風格，仍大可有進一步研究的空間。

三、

　　1972 年 6 月，62 歲的蔣經國出任行政院長，實質掌理國政。其後 1978 年膺選為中華民國第六任總統，1984 年連任為第七任總統，不幸任期未滿的 1988 年 1 月 13 日辭世，那年他 78 歲。他一生最後的十六年，可說盡瘁國政，奉獻全部心力於臺灣這塊土地。這位關鍵人物在關鍵時期的政府治理成績斐然，此段時間正是臺灣政治、社會的重要轉型期。這十六年的政府政績即使不稱為「經國之治」，說它是臺灣的「蔣經國時代」，絕不為過。

　　這套《蔣經國大事日記》，涵蓋「蔣經國時代」的十六年，起於 1972 年 5 月 20 日出任行政院長，迄於 1988 年 1 月 30 月奉安大溪止，每日行程幾乎均有如實紀錄。嚴格說這是蔣經國行政院長和兩任總統的行政大事記，原係庋藏於國史館蔣經國忠勤檔案中的一種。原作毛筆、鋼筆文件應出諸經國總統秘書之手，察其所錄，很有總統日常行政實錄意涵。每日記載內容主要為蔣經國擔任院長、總統期間之行止、接見賓客、上山下海巡訪各地，重要會議要點（包括行政院院會、國民黨中常會、中央全會、總統府財經會談、軍事會談）、重要文告、年節談話內容等，大自內政上十項建設的推動，持續三十八年之久的戒嚴宣告解除，反共反獨的宣示，對中共三不（不接觸、不談判、不妥協）政策誓言；國際關係上中日、中美斷交，克來恩（Ray S. Cline）與韓、越「情報外交」，李光耀頻頻秘密來臺的臺新（新加坡）交誼，小至中學生給蔣經國「院長精

神不死」的謝卡小故事，有嚴肅的一面，也見人性幽默
的一環。《蔣經國大事日記》如能與蔣經國個人日記搭
配，「公」「私」資料，參照互比，將更能清楚見其行
事軌跡與作為。故而日記固可補《蔣經國大事日記》之
不足（蔣經國日記起於 1937 年 5 月，記至 1979 年 12
月 30 日因視力惡化中止），《蔣經國大事日記》亦正
足彌補日記之空闕。故此一資料，當屬研究「蔣經國時
代」不可或缺的寶貴史料。

四、

　　這套書記錄 1972 至 1988 年中華民國的國家領導
人行政大事，雖簡要，但不失為「蔣學」研究的重要工
具書。

　　本來歷史學的研究與編纂，就有「年代學」
（Chronology），是以確定歷史事件發生時間的科學，
從古代中國《春秋》、《竹書紀年》，到近人郭廷以的
《近代史國史事日誌》、《中華民國史事日誌》等，都
屬之。這套書一如晉杜預的〈春秋左氏傳序〉所言：
「記事者，以事繫日，以日繫月，以月繫時，以時繫
年，所以紀遠近，別同異也。故史之所記，必表年以首
事。」本書所記，甚至細至以時繫分，明確事件發生時
間，提供歷史發展線索，大可作為歷史研究的基礎。對
當代民國史、臺灣史研究而言，資料之珍貴，實無過
於此。

編輯凡例

一、 本書依照「蔣經國大事日記略稿」編輯，依日期
　　 排列。

二、 為便利閱讀，部分罕用字、簡字、通同字，在不
　　 影響文意下，改以現行字標示，恕不一一標注。

三、 附件及補充資料以標楷體呈現，部分新聞報導之
　　 附件不收錄。

目錄

中華民國 75 年（1986 年）

1 月 1 日　星期三

今天發表中華民國七十五年元旦祝詞，期勉全國同胞，以今日的成果出發，再接再厲，為充滿希望的明天，精進不已。

上午

十時，在府內大禮堂主持中華民國七十五年開國紀念典禮暨元旦團拜，期勉全國同胞攜手同心，精誠團結，共同努力開創國家光明的前途。

十一時十二分，在大直寓所見秦主任委員孝儀。

四時五十分，見郝總長柏村。

元旦祝詞

親愛的父老兄弟姊妹們：

中華民國開國七十五年紀念，在元旦日的一片祥和歡欣中，看到復興基地人人奮發，家家康樂，象徵著三民主義社會的豐滿，也顯示出反共必勝的無比信心、建國必成的光明希望！

三民主義自由、平等、均富的理想，是自國父創建民國以來，中華民國一貫積極致力的目標。如今海峽兩岸敵虛我實的明顯對比，更使我們深刻體認到，只有三民主義在全中國的徹底實現，才是中國問題的根本解決，才能對世界永久和平有所貢獻。為此我們時時自勉，中國的前途和中國人民的願望，需要我們不斷的努

力，去創造，去達成！

　　親愛的父老兄弟姊妹們，今天我們固然仍處在非常時期，但是我們行進的方向，始終不離三民主義憲政的康莊大道。因為我們深知，海內外同胞對我們殷切期望，肩負的使命十分重大，所以不論情勢如何錯綜變化，我們履行民主法治的腳步必將繼續向前，堅定邁進。這是中華民國立國立憲的基礎所在，也是我們救國救民最基本的信守。深願全國同胞以此共同惕勵，大家公誠無私，肝膽相照，鍥而不舍的協力奮鬥，必能衝破一切逆流障礙，贏得反共復國的最後勝利！

　　復興基地三十多年來的辛勤耕耘，已給國家建設鋪好了踏入現代化的途徑，證明了中國人在自由民主制度之下，能夠閃耀出燦爛的光芒。當然，我們不能以此自滿，更不能以此而輕忽未來的困難與挑戰。因為我們知道，復興基地的進步一分，就是接近光復大陸一步。今後在鞏固憲政的總綱之下，必當以更開闊的做法，加速促進經濟建設；以更踏實的步驟，提昇文教科技發展；並以真摯誠懇，增強社會的團結和諧；藉此厚積一切反共力量，早日完成三民主義統一中國的神聖大業！

　　美好的明天，有賴今天的努力。新年，不僅是一個慶祝歡樂的時刻，也是一個前瞻未來、奮起力行的時刻，讓我們以今日的成果出發，再接再厲，為充滿希望的明天，精進不已！也讓我們同聲一致高呼：
三民主義萬歲！中華民國萬歲！

1月2日　星期四

下午

五時卅二分，在大直寓所見汪秘書長道淵。

七時五十九分，見宋主任楚瑜。

1月3日　星期五

今日覆函教宗若望保祿二世，對教宗元旦發表之「和平日文告」表示響應與支持。

下午

四時一分，在府見張副秘書長祖詒。

四時廿五分，見沈秘書長昌煥。

五時十分，見中央政策會梁副秘書長肅戎。

覆教宗「和平日文告」函

教宗聖座：

欣誦一九八六年世界和平日文告，曷勝感佩。聖座洞察當世種種積弊，並提示有效之防治良方，本人至表贊同。

誠如聖座昭示，目前各國內部及國際之紛擾均導源於人類道德之淪喪。換言之，人類之自私已引致社會正義不彰、國際衝突迭起。各國政治領袖及有力人士如徒託空言而不以實際行動表現其真誠，則世界仍然無法獲致和平。

自孔子以迄孫中山先生，中國歷代聖賢諄諄教人順從天理，克己修身，忠恕待人；凡此皆維護國家安寧及

國際和平之真諦，亦與聖座勸誡世人遵循基督教義，以
謀求國內外真正和平之教誨全然契合。

聖座本年再度發表聖潔明澈之呼籲，本人敬表支
持，並盼各國政府及人民均能懍於此一懇切呼籲而知所
憬悟，並以至誠實踐聖座所昭示之箴言良訓。

1月4日　星期六
下午

二時廿分，在大直寓所見俞院長國華。

四時四分，見秦主任委員孝儀。

1月5日　星期日
下午

四時五十三分，在大直寓所見沈秘書長昌煥。

七時五十三分，見馬秘書長樹禮。

1月6日　星期一
上午

十時廿五分，在大直寓所見宋主任楚瑜。

下午

三時至圓山飯店理髮。

三時四十二分，在府見一局馬副局長英九。

三時五十一分，見北美事務協調會駐美錢代表復。

四時接見美國聯邦參議員高華德，並頒授以大綬景星勳
章，以表彰其多年來，為促進中美傳統友誼所作之貢

獻，及堅持反共維護正義之精神。

四時五十二分，接見美國聯邦眾議員福可默夫婦、瑞吉夫婦及懷茲夫婦。

五時六分，見沈秘書長昌煥。

五時廿分，見立法院倪院長文亞。

1月7日　星期二

上午

九時五十五分，在府見郝總長柏村。

十時卅分，見許主任歷農。

十時四十五分，見張副秘書長祖詒。

十一時五分，見李副總統。

1月8日　星期三

上午

八時廿三分，在臺北賓館見馬秘書長樹禮。

八時四十一分，加見臺省府邱主席創煥。

九時，主持中常會，核定監察委員黨部之人選；並通過榮民總醫院顧問施純仁為行政院衛生署署長等人事案。

十時十六分，見沈秘書長昌煥。

十時卅二分，見秦主任委員孝儀。

中國國民黨監察委員黨部委員會委員名單

吳大宇	酆景福	李存敬	黃芫軒	張國柱
許文政	梁瑞英	馬慶瑞	洪俊德	朱安雄
傅王遜雪	林榮三	許炳南	玉枕華	林亮雲

中國國民黨監察委員黨部委員會常務委員名單
吳大宇　鄞景福　李存敬

中國國民黨監察委員黨部委員會
考核紀律委員會委員名單
王文光　劉延濤　郭學禮　謝崑山　郭吳合巧

中國國民黨監察委員黨部委員會
考核紀律委員會常務委員名單
王文光

1月9日　星期四
今日發表命令任命施純仁為衛生署長；涂德錡、施金協為臺灣省政府委員。

上午
九時廿二分，在大直寓所見宋主任楚瑜。

下午
三時廿六分，在府見臺灣省政府委員劉裕猷。
三時四十四分，見沈秘書長昌煥。
四時，接見美國聯邦眾議員麥第根夫婦、哈克比夫婦、史坦基倫夫婦、德萊爾、法蘭克林夫婦、史密斯夫婦及德雷夫婦等十五人。
四時卅分，接見美國聯邦眾議員艾華芝夫婦及波特夫婦等四人。

五時，見花蓮縣長吳水雲。

五時十分，見臺省府委員涂德錡。

五時廿分，見臺省府委員陳正雄。

七時五十分，在大直寓所見宋主任時選。

1 月 10 日　星期五

明日為總統府資政俞大維博士九秩壽辰，總統特頒壽屏以祝賀之。

下午

三時四十四分，見汪秘書長道淵。

五時四分，見秦主任委員孝儀。

1 月 11 日　星期六

上午

九時四十三分，在府見北美事務協調會駐美錢代表復。

十時五十分，見郝總長柏村。

下午

三時卅分，在大直寓所見俞院長國華。

四時四十五分，見馬秘書長樹禮。

五時卅五分，見秦主任委員孝儀。

七時五十三分，見宋主任楚瑜。

1月12日　星期日
下午

五時十分，在大直寓所見沈秘書長昌煥。

1月13日　星期一
下午

三時四十四分，至圓山飯店理髮。

四時廿五分，在府見國家安全局宋局長心濂。

五時一分，見宋部長長志。

五時十四分，見汪秘書長道淵。

五時卅四分，見郝總長柏村。

1月14日　星期二
上午

八時五十五分，見汪秘書長道淵及馬教授光亞。

九時五十五分，主持軍事會談。

下午

三時四十八分，在府見駐西德沈代表錡。

四時十六分，見新任亞東關係協會駐日馬代表紀壯。

四時五十三分，見汪秘書長道淵。

五時八分，見郝總長柏村。

五時十八分，見沈秘書長昌煥。

五時卅七分，見張副秘書長祖詒。

1月15日　星期三
上午

八時卅一分，在臺北賓館見馬秘書長樹禮。至四十九分，加見臺灣省黨部關主任委員中。

九時，主持中常會，通過主席交議由吳水雲充任文工會副主任，解顯中遞補臺灣省黨部副主任委員。

十時廿三分，在府見沈秘書長昌煥。

十時廿六分，接見美國聯邦參議員海契夫婦、參議員海克特及眾議員拉哥馬西諾、柯爾特、德望三對夫婦。

十時五十八分，接見美國聯邦參議員羅斯。

十一時廿三分，接見烏拉圭共和國國會議長馬契桑諾夫婦。

下午

四時五十分，在大直寓所見秦主任委員孝儀。

八時，見宋主任楚瑜。

1月16日　星期四
【無記載】

1月17日　星期五

總統關懷正在榮民總醫院住院診療之中國青年黨主席、總統府資政李璜，今天下午特派副秘書長張祖詒代表前往探慰，囑其安心靜養，早日康復。

下午

三時卅分，在府作除夕談話錄影（承辦者為中國電視公司）。

四時二分，見退輔會鄭主任委員為元，對榮民生活情形，表示關懷，並囑其在春節前後代為到各地向榮民慰問拜年。

四時廿四分，見前陸軍副總司令夏超。

四時卅五分，見沈秘書長昌煥。

五時十八分，見李副總統。

1月18日　星期六

下午

二時五十八分，在大直寓所見俞院長國華。

五時廿五分，見馬秘書長樹禮。

七時五十三分，見秦主任委員孝儀。

1月19日　星期日

美國費城聖約翰浸信會今日舉行萬民祈禱會，為我中華民國默祝祈禱。總統特致函瓦斯奎茲牧師，表示申祝之意。

上午

九時卅三分，在大直寓所見中央組工會宋主任時選。

下午

三時五十六分，見秦主任委員孝儀。

四時四十九分，見沈秘書長昌煥。

六時廿一分，見郝總長柏村。

致瓦斯奎茲牧師函

瓦斯奎茲牧師道鑒：

本人得為貴會紀念萬民祈禱會堂創建卅週年致意，至感欣悅。

吾人深知，今日世界各地仍紛擾不已，惟如不見具有充分信心、決心及信仰者之祈禱，情勢當更不堪。

貴會訂本星期日，即一九八六年一月十九日，再為我中華民國默祝祈禱。吾人企盼，在貴會教友心中，我國為一朝氣蓬勃之古國，亦為亞洲第一個民主共和國；不僅為一快速工業化之國家，並為一致力民主建設，增進人民福利之國家。吾人盼望貴會以此為海內外中國人祈禱。

貴堂此項國際性聚會，實乃象徵一「萬國相會」之祈禱會。因之，吾人謹以至誠，與貴堂同此祈禱，並深信貴堂努力安排此一國際活動，正足以反映人類心靈深處之渴慕。

謹再申致吾人至誠問候及祝福之意。

蔣經國敬啟

中華民國七十五年元月十四日

1 月 20 日　星期一

下午

四時廿八分，在大直寓所見汪秘書長道淵。

五時廿五分，見中央文工會宋主任楚瑜。

1 月 21 日　星期二

今日致送花籃，以悼念陳故副總統辭修九秩冥誕。

上午

八時卅六分，至圓山飯店理髮。

九時二十分，在府見沈秘書長昌煥。

十時十七分，見行政院周政務委員宏濤。

1 月 22 日　星期三

上午

八時卅分，在臺北賓館見馬秘書長樹禮。

九時，主持中常會，通過決議，對黨籍立法委員於立法院七十六會期中，圓滿貫徹中央決議，增進憲政功能，著有貢獻，予以嘉勉。

十時一分，見俞院長國華。

十時十六分，見馬秘書長樹禮。

下午

五時二十八分，在大直寓所見秦主任委員孝儀。

1 月 23 日　星期四

今日各報披露，總統於去年十一月十一日接受美國讀者文摘巡迴編輯芮德訪問時之答問全文。

上午

九時五十分，在府見沈秘書長昌煥。

十時，巴拿馬共和國新任駐華大使朱立基到府晉見總統，呈遞到任國書。

十時十六分，見前亞東關係協會駐日代表毛松年。

美國讀者文摘巡迴編輯芮德訪問

一、

問：中華民國的經濟發展已使全世界為之驚異，請問總統閣下，此一非凡的成就是如何達成的？

答：我國經濟發展成功的基本原因是：

（一）我們崇尚自由民主，堅守憲政體制，政府與人民相互信任，和諧團結，提供了民主而安定的政治環境。

（二）在計畫性的自由經濟政策下，鼓勵私人企業，激發人民勤勞的工作意願與企業家進取的創新精神。

（三）教育機會人人平等，實施普及而良好的教育制度，並致力科技發展，提高了人民的生產力。

（四）貫徹均富政策，縮小貧富差距，增進社會福利，提升生活品質，建立了公平而和諧的社會。

二、

問：貴國政府採取了何種特定的政策來促進此項經濟發展？

答：可分幾個階段來說：

（一）在民國四十年代初期，先進行幣制改革，
鼓勵儲蓄，成功地穩定了幣值與物價。接
著實施公平的土地改革，並採行農工平衡
發展的策略，順利地解決了失業問題。

（二）民國四十年代末期，再推動一連串的外
匯、貿易、財政、金融改革，並鼓勵已有
基礎的輕工業拓展外銷市場，使民國五十
年代的工業生產與對外貿易飛躍成長。

（三）民國六十年代又循序發展重化工業，同時
改善交通、電力等基本設施，奠定了經濟
長期發展的良好基礎。此外，一連串的行
政革新措施，例如民國五十七年開始將國
民義務教育延長為九年、積極鼓勵留學生
返國服務等，大大提高了經濟成長所需人
力之素質。

（四）民國七十年代的今天，我們的政策重點是
發展高科技工業，並從事必要的經濟、社
會等方面制度的改革，同時致力維護環境
生態的優良品質，以成為一個真正現代化
的國家。

三、

問：在達成此一經濟發展之過程中，私人企業扮演了何
種角色？

答：早期由於私人企業在資金與人才方面均相當缺乏，
因此公營企業的角色較為重要。民國四十一年工業

生產中，民間企業僅佔四三·四％。但政府三十多
年來一直採取鼓勵私人企業發展的基本政策，一方
面將部分公營企業轉移民營，同時不斷以各種方式
鼓勵私人企業的發展。至民國七十三年私人企業佔
工業生產的比重已高達八三·七％，遠超過公營企
業，成為我國經濟中的主導部門，私人企業對過去
三十多年來的經濟發展具有重大貢獻。

四、

問：據悉，中華民國人民的教育程度，已躋入世界最
　　高水準之林，請問貴國政府採行了那些措施來成就
　　此事？

答：我們採取的具體措施，下列幾項是較為重要的：

　　（一）教育機會平等而普及：為達成憲法規定國
　　　　　民受教育機會一律平等的要求，政府除了
　　　　　在民國五十七年延長國民義務教育為九年
　　　　　外，並將學費合理化及普遍設立獎學金和
　　　　　助學貸金，使清寒子弟均有深造的機會。
　　　　　目前，我國的國民教育就學率，已高達百
　　　　　分之九十九以上。

　　（二）注重教育投資：在國防和經濟建設都需要鉅
　　　　　額支出的情形下，我們每年仍然大量增加教
　　　　　育的投資，現在我國文教經費約佔國民總生
　　　　　產毛額百分之五·二強。因此，我們有力量
　　　　　按預定計畫逐年推進教育的發展。

　　（三）獎勵私人興學：為增加國民就學機會，我國
　　　　　以法律規定，得由私人申請設立學校；政府

並有各項補助，以促進其健全發展。對捐資
興學及私校辦理完善者，亦給予獎勵。

（四）加強高等教育的發展：由政府協助各大學
充實師資及設備，提高學術研究水準。此
外，我國各大學的研究生都不須繳學費，
每月且獲得政府發給的獎、助學金。

五、

問：根據報導，貴國國民的個人平均所得是中國大陸的
十二倍。為何中國大陸落後得如此之遠？

答：中共一九八四年公布，大陸的個人平均所得折
合二百六十七美元，而我國臺灣地區則為三千零
六十七美元，約為大陸的十二倍。中國大陸在三十
多年內變得如此貧窮落後，最主要的原因，就是實
行共產主義制度的結果。

中共竊據大陸之後，以馬列主義為指導原則，禁止
私有財產，生產工具公有，並以高度集中的計畫經
濟來決定資源之分配，完全忽略人性及市場法則，
以致缺乏經濟效率。其次，由於中共實施無產階級
專政，對知識份子、企業家施以無情的鬥爭，平白
失去寶貴的人力資源；同時，一切的經濟活動，皆
在政治控制之下，結果不但失去經濟建設的助力，
也造成資源長期的嚴重浪費。因此，在共產主義制
度之下，經濟難以發展，人民所得自然不易提高。

六、

問：如果中國大陸是一個非共產的政權，請問總統閣
下，您認為他們有可能達到中華民國的經濟水準嗎？

答：首先我要特別說明，只要中共盤踞中國大陸一天，
　　不論其經濟如何改革，都不可能變為一個非共產的
　　政權。所以中國大陸要想達到我們的經濟水準，只
　　有拋棄共產主義，實行三民主義一途。如果能夠做
　　到這一點，以中國大陸之地大物博及充沛人力，當
　　然能夠達到中華民國臺灣地區的經濟水準。這就是
　　我們提出「以三民主義統一中國」號召的理由。

七、

問：許多人將第三世界的經濟落後歸咎於高密度的人
　　口，但是中華民國是世界上人口密度最高的國家之
　　一，甚至比日本與韓國還高。請問總統閣下，您認
　　為人口密度在決定一個國家的前途時，真是如此重
　　要嗎？再者，為何如此多的第三世界國家遠較中華
　　民國落後？

答：「人」不僅是消費主體，同時也是一項極為重要
　　的經濟資源，高密度的人口是否成為經濟發展的負
　　擔，其關鍵在於政策上如何將量多的缺點轉變為質
　　高的優點。我們一貫的人口政策，除致力達到合理
　　的人口成長率外，主要在提升人口的素質。過去，
　　中華民國發展勞力密集產業，有效地將豐富的人力
　　資源投入生產行列。目前中華民國人口密度雖居於
　　世界前列，但由於政府對學校教育與職業訓練所作
　　的大量投資，已經普遍提升了人力素質，今後只要
　　我們朝向技術勞力密集的產業發展，高密度的人口
　　並不必然構成一種負擔。我們也十分樂意將此一人
　　力發展的經驗提供予其他開發中國家。

八、

問：如果一個貧窮國家的領袖來到臺北，並向您請教如
　　何才能效法中華民國時，請問您會給他什麼樣的建
　　議？

答：中華民國的經濟發展，一向是秉持「富國先富民，
　　民富則國富」的理念。國民經濟繁榮，國家自然
　　富足。我們經濟發展的成功，正是此一理念最好
　　的驗證。

　　在中華民國經濟發展的經驗中，我個人以為同等重
　　要的，是提供一個安定的政治環境，使人人均有
　　發展的機會與創造的能力，同時在此一穩定的基礎
　　上，政府亦得以正確地選擇經濟發展策略。而在這
　　方面，中華民國成功的土地改革、以漸進方式推行
　　民主政治的過程，普及而良好的教育系統，以及採
　　取尊重市場機能的計畫性自由經濟制度等，均可提
　　供其他開發中國家參考。

九、

問：中華民國未來的經濟展望如何？政治展望又如何？

答：我個人對中華民國未來的經濟展望極為樂觀。估計
　　到民國七十八年，我們的國民平均生產毛額，折合
　　美金將達六千美元。

　　至於在政治發展方面，我認為植基於法律的民主政
　　治是政治安定進步的動力。我們將繼續貫徹民主憲
　　政，促成全民大團結，進而以三民主義統一中國。
　　基本上我們的國家目標，是要使全中國十億多同
　　胞，都能過我們這樣自由幸福的生活。中國大陸的

自由化、民主化，不僅是所有中國人的共同願望，而且符合自由世界的利益。所以中華民國的存在與奮鬥，不僅對中國前途是重要的，對人類自由與世界和平，也同樣的重要。

1月24日　星期五
下午

三時四十五分，在大直寓所見汪秘書長道淵。

五時五十九分，見馬秘書長樹禮。

1月25日　星期六
上午

九時廿八分，在府見沈秘書長昌煥。

十時八分，見駐新加坡代表處胡代表炘。

十時廿二分，舉行座談會，參與者有嚴前總統家淦、李副總統登輝、俞院長國華、黃院長少谷、袁常委守謙、沈秘書長昌煥、馬秘書長樹禮、朱部長撫松。

十一時五十分，見沈秘書長昌煥。

下午

三時五十五分，在大直寓所見駐新加坡胡代表炘。

四時五十八分，見俞院長國華。

八時卅八分，見馬秘書長樹禮。

1月26日　星期日
下午

五時十六分，在大直寓所見沈秘書長昌煥。

七時五十五分，見秦主任委員孝儀。

1月27日　星期一
宏都拉斯共和國新任總統阿斯柯納今日宣誓就職，總統已去電申賀。

下午

五時十七分，在大直寓所見文工會宋主任楚瑜。

七時四十四分，見組工會宋主任時選。

1月28日　星期二
下午

四時廿三分，在大直寓所見國家安全會議汪秘書長道淵。

1月29日　星期三
上午

八時廿九分，在臺北賓館見馬秘書長樹禮，至四十七分，加見臺省府邱主席創煥。

九時，主持中常會，通過主席交議，中央社工會副主任熊叔衡屆齡退休，遺缺由現任立法委員蔡友土繼任。會中並通過決議，嘉勉監委同志在過去一年中發揮監察功能，促進行政革新，端正政治風氣之貢獻。

十時四分，見高中常委魁元。

十時十六分，見馬秘書長樹禮。

1 月 30 日　星期四

下午

四時五十七分，在大直寓所見全國銀行公會理事長孫
義宣。

六時，見秦主任委員孝儀。

七時五十八分，見馬秘書長樹禮。

1 月 31 日　星期五

今日諾魯共和國獨立紀念日，總統特致電該國總統戴羅
伯申賀。

上午

十時四十五分，在府見沈秘書長昌煥。

十一時十五分，見郝總長柏村。

十一時卅分，見汪秘書長道淵。

下午

四時卅八分，在大直寓所見教育部李部長煥。

六時九分，見宋主任楚瑜。

2月1日　星期六

上午

九時十五分，在府見張副秘書長祖詒。

九時卅六分，見沈秘書長昌煥。

十時廿五分，見宋部長長志。

十時四十五分，見警總陳總司令守山。

十一時六分，見張副秘書長祖詒。

下午

四時五分，在大直寓所見俞院長國華。

七時五十三分，見秦主任委員孝儀。

2月2日　星期日

今為故立法院院長張道藩之夫人郭淑媛（法國人）八十
壽辰，總統特頒「淑德延年」壽軸以祝賀之。

下午

四時廿七分，在大直寓所見沈秘書長昌煥。

五時卅九分，見馬秘書長樹禮。

七時五十一分，見宋主任時選。

2月3日　星期一

十時十六分，至圓山飯店理髮。

下午

六時十一分，在大直寓所見宋主任楚瑜。

八時一分，見汪秘書長道淵。

2月4日　星期二
上午

九時五十三分，在府見沈秘書長昌煥。

十時邀集五院院長俞國華、倪文亞、黃少谷、孔德成、余俊賢及副院長林洋港、劉闊才、洪壽南、林金生、黃尊秋等在府茶敘，對政府各部門人員過去一年中勤奮國事、服務民眾之辛勞，表示嘉勉。並就國防、經濟、政治、社會暨教育文化等今後努力方向，分作重點提示。今天參加會談者，尚有李副總統及本府沈秘書長昌煥、張副秘書長祖詒等人。

下午

六時一分，在大直寓所見秦主任委員孝儀。

聽取五院工作簡報重點提示

——國防建設為鞏固國權的根本，歷年整軍建軍，充實戰備，已有長足進步，今後須更致力國防科技與國防工業的研究發展，加速達成國軍現代化的目標，確保國家安全。

——經濟發展已有深厚基礎，在此轉型階段，應舉國一心，奮力向前，突破障礙，儘早進入開發國家境界。上年雖受國際景氣不振影響，但仍保持適當成長，今年須繼續努力，迎接復甦的迅速來臨。

——政治與社會建設，務必把握憲政體制的最高原則，

堅守民主與法治的基本方向，針對國家現實情勢，
衡其至善，行其至當。從上年及本年地方公職人員
選舉中，顯示民眾企求政治安定與社會安寧的普遍
意願，足為政府各部門落實施政的主要依據。

——教育文化建設，以發展國民的生活智能為目標，在
普及、平等、均衡各方面，都已著有績效。但今
天社會型態不斷變遷，培養守法守紀的自治精神與
國民道德，尤見重要，宜再積極加強，庶於國家進
步，更多助益。

2月5日　星期三

上午

八時卅一分，在臺北賓館見馬秘書長樹禮。至八時卅九
分，加見臺省府邱主席創煥，垂詢南部用水情況並聽取
其報告。

九時，主持中常會，在聽取本黨工作同志報告此次地方
基層選舉之情況與選舉結果後，曾勉勵全黨同志，應多
交朋友，並虛心接納各方面的意見，以團結全國力量，
創造更新的局面。

十時七分，見王中常委惕吾。

十時廿分，見馬秘書長樹禮及省黨部關主任委員中。

十時五十分，至榮民總醫院探訪孫資政運璿。

下午

七時五十九分，在大直寓所見郝總長柏村。

中常會講話

　　這一次地方基層選舉具有非常重要的意義，首先感謝民眾對本黨的支持；同時，對選監人員的辛勞，表示慰勉。

　　此次選舉的完成，說明了不論環境如何艱難，政府有決心，也有信心貫徹民主憲政到底。

　　中國國民黨是全民的黨，也是大家的黨，我們的黨是進步的、開明的。我們不但要永遠和民眾在一起，同時要貫徹以國家利益為先的基本要求。本黨絕不可因為在此次選舉中得到多數票的支持而自滿，相反的更要虛心地檢討各項缺失，並做更進一步的努力，盡心盡力，為國為民而奮鬥。

　　本黨工作同志應以「民眾服務員」自許，以誠懇勤勞自勉。同時我們的工作同志，應當多交朋友，要多聽取並虛心接納社會各方面的意見，以團結全國的力量，來克服種種困難，創造更新的局面。

2月6日　星期四

上午

　　九時廿八分，在府見總政戰部許主任歷農。

　　九時四十三分，見國家安全局宋局長心濂。

　　九時五十七分，約見陸、海、空、聯勤、警總各總司令：蔣仲苓、劉和謙、郭汝霖、溫哈熊、陳守山等。宋部長及郝總長亦在座作陪。（約見國軍高級將領時分別合影留念）

　　十時五十一分，見臺灣大學孫校長震。

下午

六時十七分，在大直寓所見秦主任委員孝儀。

七時五十七分，見馬秘書長樹禮。

2月7日　星期五

上午

九時五分，在府見李副總統。

九時廿五分，見臺北市許市長水德。垂詢春節期間臺北市民生必需品之供應情形，並指示其繼續加強為民服務工作，以達切實為民謀求福祉之目的。

九時四十二分，見沈秘書長昌煥。

九時四十九分，接見音樂家馬思聰及其夫人王慕理、公子馬如龍。

十時三分，見沈秘書長昌煥。

十時廿三分，在倪院長文亞。

十時四十四分，見新聞局張局長京育。

十時五十五分，見行政院張政務委員豐緒。

十一時五分，見朱部長撫松。

下午

三時五十八分，在大直寓所見汪秘書長道淵。

2月8日　星期六

今為春節前夕，總統特發表農曆除夕談話，向全國同胞拜年，並期勉大家真心誠意、精誠團結，為國家的光明前途繼續奮鬥。

下午

五時五分，在大直寓所見俞院長國華。

六時一分，見秦主任委員孝儀。

除夕談話

親愛的父老兄弟姊妹們：

大家好！今天是農曆除夕，經國先向大家拜個早年，祝福大家健康愉快，萬事如意。

這一年來，我同以往一樣，收到許多朋友的來信，信中充滿了對國家的熱愛、對政府的期望和對經國個人的關心，我要藉這個機會，特別謝謝大家。

三十六年來，經國跟大家為建設復興基地，工作在一起，生活在一起，使我們之間建立了深厚的感情和真誠的友誼，這是我一生當中感到最快樂的事情。

隨著時代的進步，國家建設的範圍愈來愈廣，政府應該為民服務的地方愈來愈多，責任也愈來愈重，但是，只要我們同心協力，貢獻心智，任何事情沒有辦不成的，記得有一次，我路過關渡。遠遠看到雄偉的關渡大橋，就想到，這是我們團結努力的成果。同樣，其他很多地方國家重要建設的完成，每一點一滴都包含了大家的智慧與心血，都是出自國人的雙手，足以說明，因為大家在各個不同的崗位上，辛勤工作，默默努力，才給國家和社會帶來進步與繁榮。

我們都知道，國家是大家的。沒有任何人不希望自己的國家強大進步。雖然過去一年中，我們曾遭遇到若干困難，但是我們為國家求進步的決心卻更加堅定。因

為我們知道，我們的努力，不僅建設了復興基地，同時也帶給大陸同胞無限的希望。

　　親愛的父老兄弟姊妹們，我們有復國建國的目標，我們有勤勞努力的國民，我們也有為民服務、不斷求取進步的政府，讓我們大家真心誠意，共策共勉，團結一致，為國家的光明前途繼續奮鬥。

　　再一次祝福大家，人人平安，家家幸福。謝謝大家。

2月9日　星期日　農曆丙寅年正月初一
下午

四時五十二分，偕夫人至慈湖恭謁先總統蔣公陵寢致敬。

2月10日　星期一
下午

四時十五分，在大直寓所見沈秘書長昌煥。

2月11日　星期二
上午

九時卅分，在大直寓所見秦主任委員孝儀。

下午

三時五十四分，在大直寓所見汪秘書長道淵。

2月12日　星期三
今日報載總統已致電哥斯大黎加共和國國家自由黨總統

候選人阿里亞斯，以申賀其當選該國新任總統。

上午

八時廿七分，在臺北賓館見馬秘書長樹禮。

九時，主持中常會，因係春節後第一次會議，在主席蒞臨會場時，全體出列席同志曾起立鼓掌向主席致意，主席亦親切祝福大家健康進步。在會議中，除向邱主席及許、蘇二市長詢問各地在新年期間之狀況外，並期勉從政同志在新的一年中，要全力推動十四項建設，為國家基層建設，奠穩基礎。會後見馬秘書長樹禮及青年工作會高主任銘輝。

十時十六分，在府見郝總長柏村。

十時四十四分，見張副秘書長祖詒。

十一時十二分，見沈秘書長昌煥。

十一時廿五分，見李副總統。

下午

四時四分，在大直寓所見宋主任楚瑜。

2 月 13 日　星期四

下午

三時四十五分，在府見沈秘書長昌煥。

三時五十八分，接見美國聯邦眾議員桑魁士夫婦、羅傑士夫婦、法蘭克林以及米勒夫婦等七人。

四時廿五分，接見即將卸任返國前來辭行之南非共和國駐華大使范福倫。

四時卅七分，見第一局馬副局長英九。

四時五十七分，見前駐薩爾瓦多共和國大使羅友倫。

五時四分，見國民大會何秘書長宜武。

2月14日　星期五

中央社東京今十四日專電：日本時事通訊社出版的世界
週報，刊出了一篇蔣總統經國先生的生活特寫，稱他為
「最清廉的領袖，永遠採取主動，並毫無保留的奉獻他
的一切。」

2月15日　星期六

上午

九時卅五分，在府見國家安全局宋局長心濂暨該局駐美
特派員李筱堯。

十時三分，見汪秘書長道淵暨馬光亞先生。

十時廿分，見黃院長少谷。

十一時，見沈秘書長昌煥。

下午

三時四十九分，在大直寓所見俞院長國華。

四時四十一分，見馬秘書長樹禮。

2月16日　星期日

下午

三時四十八分，在大直寓所見沈秘書長昌煥。

五時卅七分，見馬秘書長樹禮。

七時五十八分，見汪秘書長道淵。

2 月 17 日　星期一
下午
三時卅九分，至圓山飯店理髮。
四時卅九分，在府見沈秘書長昌煥。
五時十分，見宋部長長志。
五時廿八分，見張副秘書長祖詒。

2 月 18 日　星期二
上午
九時五十五分，主持軍事會談。

下午
四時五十分，在大直寓所見汪秘書長道淵。
五時五十三分，見郝總長柏村。

2 月 19 日　星期三
上午
八時卅六分，在臺北賓館見馬秘書長樹禮。
九時，主持中常會。會後見馬秘書長樹禮、組工會宋主
任時選及臺灣省黨部關主任委員中。
十時五分，見文工會宋主任楚瑜。

下午
四時四十九分，在大直寓所見秦主任委員孝儀。

2月20日　星期四

今為中華日報創刊四十週年，總統特題頒賀詞，予以
嘉勉。

下午

五時四十八分，在大直寓所見沈秘書長昌煥。

七時五十六分，見馬秘書長樹禮。

中華日報創刊四十週年社慶賀詞

元譽董事長、肇珩社長並轉中華日報全體同仁台鑒：

　　貴報自創刊以來，致力闡揚國策、改善社會風氣、
提昇文化水準、促進團結和諧，貢獻昭著，殊堪嘉佩，
欣逢四十週年社慶，特申賀忱，並期創新精進，發揮大
眾傳播功能，為開展國家光明前途，作更大之服務。

蔣經國

中華民國七十五年二月二十日

2月21日　星期五

下午

五時十分，在大直寓所見汪秘書長道淵。

2月22日　星期六

下午

四時四十分，在大直寓所見俞院長國華。

六時五分，見馬秘書長樹禮。

七時五十六分，見宋主任楚瑜。

2 月 23 日　星期日
下午

四時十七分，在大直寓所見沈秘書長昌煥。

五時卅二分，見秦主任委員孝儀。

2 月 24 日　星期一
上午

十時十五分，至圓山飯店理髮。

十一時，在府見沈秘書長昌煥。

十一時廿二分，見李副總統。

下午

四時五十八分，在大直寓所見馬秘書長樹禮。

六時十八分，見組工會宋主任時選。

八時六分，見文工會宋主任楚瑜。

2 月 25 日　星期二
【無記載】

2 月 26 日　星期三
八時四十分，在臺北賓館見馬秘書長樹禮。

九時，主持中常會。

九時五十五分，見俞院長國華、沈秘書長昌煥以及馬秘書長樹禮。

下午

四時四十四分，在府見郝總長柏村。

五時，見宋部長長志。

五時廿二分，見沈秘書長昌煥。

2月27日　星期四

今日為多明尼加共和國獨立紀念日，總統曾去電申賀。

下午

五時十四分，在大直寓所見馬秘書長樹禮。

八時一分，見宋主任楚瑜。

2月28日　星期五

下午

四時，在大直寓所見沈秘書長昌煥。

五時五十三分，見秦主任委員孝儀。

3 月 1 日　星期六
下午

三時廿六分，在大直寓所見俞院長國華。

四時四十分，見馬秘書長樹禮。

七時廿九分，見宋主任時選。

3 月 2 日　星期日
上午

十時五十一分，在大直寓所見秦主任委員孝儀。

下午

五時十九分，在大直寓所見郝總長柏村。

七時五十八分，見汪秘書長道淵。

3 月 3 日　星期一
【無記載】

3 月 4 日　星期二
上午

九時五十二分，在府主持軍事會談。

下午

五時五十八分，在大直寓所見馬秘書長樹禮。

3 月 5 日　星期三
上午

十時，在府主持國家安全會議第五十二次會議，審查行

政院所擬七十六年度中央政府總預算核列情形報告。會
中，總統對全力推動十四項建設、保持物價平穩以及特
別照顧農民利益等事項曾有所指示。

十一時廿九分，至榮民總醫院作例行體檢。

國家安全會議第五十二次會議口頭指示

剛才聽到行政院報告七十六年度的預算以後，認為
這個預算很妥當。因為我們的國家是希望在穩定中求進
步，政府取之於民，要用之於民，更要藏富於民，這些
都是我們努力的基本方向。歷年以來，政府的預算能
夠順利的實施，對於國家的進步有著非常大的關係。這
次提出的下一年度預算，很適合我們當前的政策，尤其
希望能夠把十四項建設，作為預算執行的重心。此外，
有關軍事建設、科技發展、文化建設、以及農業發展等
問題，也都非常重要。希望大家瞭解國家經濟建設的方
向，把握重點，繼續努力！

去年在財金方面的重大成就，即是保持物價的穩
定，在未來的一年中，我們仍必須以保持物價穩定為重
要任務。同時在財政金融方面的許多困難，政府都力求
突破。今後更希望大家團結一致，努力以赴，使國家的
建設更進步！

基層建設，非常重要。建設如何規劃，預算如何使
用，都要週詳考慮，力求節約。同時基層建設的根本工
作，即在於增進民眾的福祉，今後，地方政府應以此為
工作重點，尤其特別要照顧農民的利益。

關於用錢方面，經國在國防部長任內，曾講過一句

話：「預算就是命令」。在預算執行時，各機關不能有
本位主義，當用則用之，應省則省之，應用而不用，也
是不對的。這點也希望大家共同注意到。

3 月 6 日　星期四
自昨日中午至今日下午三時廿二分，完成各項體檢項
目，結果一切功能正常。

下午
五時四十八分，在大直寓所見沈秘書長昌煥。
七時五十八分，見馬秘書長樹禮。

3 月 7 日　星期五
下午
五時二分，在大直寓所見汪秘書長道淵。
五時五十九分，見秦主任委員孝儀。

3 月 8 日　星期六
上午
九時四十一分，在府見張副秘書長祖詒。
十時一分，見退輔會鄭主任委員為元。
十時廿一分，見許主任歷農。
十時卅五分，見中央日報社黃副社長天才。
十時五十六分，見郝總長柏村。
十一時十二分，見宋部長長志。

下午

四時廿八分，在大直寓所見俞院長國華。

六時四分，見馬秘書長樹禮。

七時五十六分，見宋主任楚瑜。

3月9日　星期日

下午

四時廿八分，在大直寓所見沈秘書長昌煥。

3月10日　星期一

上午

八時四十一分，至圓山飯店理髮。

九時卅二分，在府見汪秘書長道淵。

九時四十三分，見沈秘書長昌煥。

十時，接見哥斯達黎加共和國國會議長瓦爾蓋斯夫婦。

十時十一分，見沈秘書長昌煥。

下午

五時四分，在大直寓所見秦主任委員孝儀。

3月11日　星期二

下午

四時五十一分，在大直寓所見秦主任委員孝儀。

五時卅五分，見沈秘書長昌煥，至六時十五分，加見馬
秘書長樹禮及文工會宋主任楚瑜。六時四十分，宋主任
先退。

3 月 12 日　星期三

上午

八時卅六分，在臺北賓館見馬秘書長樹禮。

八時四十分，見俞院長國華暨馬秘書長樹禮。

八時五十五分，主持中常會。

九時四十九分，見倪院長文亞暨馬秘書長樹禮。十時十二分，馬秘書長先退。

下午

五時七分，在大直寓所見汪秘書長道淵。

七時五十七分，見馬秘書長樹禮。

3 月 13 日　星期四

下午

五時四十七分，在大直寓所見郝總長柏村。

八時，見宋主任楚瑜。

3 月 14 日　星期五

下午

四時十六分，在大直寓所見秦主任委員孝儀。

五時四十一分，見汪秘書長道淵。

3 月 15 日　星期六

上午

九時五十三分，在府見馬光亞先生。

十時十五分，見安全會議汪秘書長道淵及安全局宋局長

心濂。

十時四十六分，見沈秘書長昌煥。

下午

三時五十九分，在大直寓所見俞院長國華。

五時廿三分，見馬秘書長樹禮。

3月16日　星期日

下午

四時十七分，在大直寓所見汪秘書長道淵。

3月17日　星期一

【無記載】

3月18日　星期二

上午

九時卅二分，在府見空軍郭總司令汝霖。

九時五十五分，主持軍事會談。

十一時二分，見俞院長國華。

十一時十四分，見郝總長柏村。

十一時廿四分，見沈秘書長昌煥。

下午

五時卅二分，在大直寓所見宋主任楚瑜。

3 月 19 日　星期三
上午

八時卅三分，在臺北賓館見馬秘書長樹禮。

九時，主持中常會。

十時十五分，見陳資政立夫。

十時卅七分，見馬秘書長樹禮。

下午

五時五十九分，在大直寓所見郝總長柏村。

八時，見教育部李部長煥。

3 月 20 日　星期四
下午

四時十五分，在大直寓所見秦主任委員孝儀。

3 月 21 日　星期五
下午

五時卅九分，在大直寓所見汪秘書長道淵。

3 月 22 日　星期六
下午

三時四十分，在大直寓所見俞院長國華。

五時卅二分，見秦主任委員孝儀。

3月23日　星期日
下午

四時十四分，在大直寓所見沈秘書長昌煥。

五時卅五分，見宋主任楚瑜。

七時五十九分，見汪秘書長道淵。

3月24日　星期一
下午

四時四十分，至圓山飯店理髮。

3月25日　星期二
上午

九時四十分，在府見沈秘書長昌煥。

十時，聖克里斯多福首任駐華大使貝隆到府晉見總統並呈遞到任國書。

十時十七分，見沈秘書長昌煥及朱部長撫松。

十時四十分，見張副秘書長祖詒。

下午

七時五十八分，在大直寓所見宋主任楚瑜。

3月26日　星期三
上午

八時四十七分，在臺北賓館見馬秘書長樹禮。

九時，主持中常會通過內定蒙藏委員會委員吳化鵬出任蒙藏委員會委員長。

十時十六分，見王中常委惕吾。

十時卅分，見馬秘書長樹禮。

今日明令特任吳化鵬為蒙藏委員會委員長並為行政院政
務委員。

3 月 27 日　星期四

下午

三時十六分，至中山樓並在貴賓室見馬秘書長樹禮。

三時廿五分起，先後巡視了文化堂、三樓圓廳及大餐廳
等處。

三時五十六分，偕同馬秘書長樹禮至大同之家拜訪嚴前
總統。

四時十三分，送馬秘書長回中央黨部，然後至總統府。

四時廿三分，見郝總長柏村，對「天弓」飛彈發射成功
表示欣慰，並囑郝總長轉達對中山科學研究院全體工作
人員的嘉勉。

四時廿七分，見駐日馬代表紀壯。

五時八分，見許主任歷農。

五時卅一分，見秦主任委員孝儀。

五時五十二分，見駐教廷周大使書楷。

3 月 28 日　星期五

下午

三時四十五分，在大直寓所見沈秘書長昌煥。

五時三十分，見汪秘書長道淵。

3月29日　星期六　青年節

總統特以「敦品勵學，承擔時代使命；樂觀進取，開創光明前途」兩句話，期勉全國青年。

上午

九時四十五分，至中山樓在貴賓室見馬秘書長樹禮。

十時八分，見北美事務協調會駐美錢代表復。

十時卅分，在中山樓文化堂主持中國國民黨第十二屆中央委員會第三次全體會議暨中央評議委員第三次會議開會典禮，以「中國之統一與世界和平」為題，向與會出列席同志致詞，請由馬秘書長樹禮代表宣讀。

十一時卅分，主持三中全會預備會議，通過主席所提之全會主席團人選案。

十二時廿五分，見馬秘書長樹禮。

下午

二時四十分，返大直寓所。

七時五十六分，在大直寓所見馬秘書長樹禮。

三中全會致詞全文

各位先生、各位同志：

　　本黨第十二屆三中全會暨中央評議委員第三次會議，今天隆重揭幕，綜觀世局多溫，遙看大陸變亂，面對同胞望治之殷，思念總理、總裁遺志未竟，深感反共救國使命何其急切，也何其重大！

　　許多年來，時時縈繞在國人心中思考、探索、或討

論的一個問題，就是中國的前途。經國也和大家一樣，常常在想：中國將有怎樣的未來？應該要走怎樣的方向和道路？如何才能使我們的國家長治久安？如何能使我同胞永享自由幸福？又如何能對世界盡其貢獻？這些都是整個中國的問題。

回想七十五年前的今天，黃花岡七十二烈士英勇殉難，這轟轟烈烈的一役，不僅震驚寰宇，更大大鼓舞了全國人心。於是革命士氣大振，半年之後，終於武昌起義成功，從此結束了數千年的帝制，並即建立了亞洲第一個民主共和國───中華民國。

總理領導中國國民黨從事國民革命的目的，在求中國之自由平等。但辛亥革命成功之後不久，接著就有軍閥亂國，列強的覬覦並未稍戢，共黨份子更積極滲透革命陣營，企圖攫奪並利用國民革命的成果，達其赤化中國的野心，使總理以三民主義建國的理想，橫受阻撓。不幸的是，在國事憂患頻仍中，總理未及見到中國的真正自由平等，竟於建國後十四年逝世，不但使中國失去了革命建國的領袖，也使世界喪失了一位偉人。

我們追懷總理勳業，想他在世六十年的生命中，以四十年之久為國民革命而奮鬥，遺訓猶以「革命尚未成功、同志仍須努力」勉勵國人，可以說齎志而歿。所幸總裁繼志承業，領導北伐，統一全國，並且積極推動國家建設，獲得中外所稱「黃金的十年」。復因日本軍閥對華侵略，總裁統領全國軍民，經過八年浴血犧牲，贏得抗戰勝利，並在抗戰期間，陸續廢除了列強加諸於中國的各種不平等條約，使中華民國昂然獨立於世界諸強

之列。

不過歷史常像無情的浪潮，一波過去，一波又來。中國的命運，在抗戰勝利之果還未盈實的時候，再遭空前的浩劫，中共在俄共的卵翼和支援之下，發動了全面叛亂，就在國家剛剛實施憲政的第二年，距抗戰結束以後僅僅四年，把中國大陸關入鐵幕，這是中國的悲劇，也是世界人類的悲劇！

政府被迫於民國三十八年從大陸播遷臺灣，總裁復行視事，我們以孤臣孽子之心，埋頭苦幹，在這復興基地上，依照總理的理想與學說，實踐三民主義，建立民有、民治、民享的制度，在政治民主、經濟自由、社會平等的大原則、大方向之下，發展國家建設。經過三十多年來的努力奮鬥，復興基地繁榮富足、安和樂利的光芒，照亮了所有中國人的希望，而與共產制度下大陸的殘殺鬥爭、貧窮落後，顯出了強烈的對比。儘管今天中華民國在國際政治上遭受到許多橫逆，但我們有崇高的自尊和堅強的自信，因為我們已為中國的前途，找出了一條光明大道。我們已經向全世界說明了一件事實：總理高瞻遠矚，他所手創的三民主義，適合中國人的需要，能使中國進入富強康樂之境，並且能和世界共存共榮，三民主義在臺灣建設的經驗是最好的實證。這一經驗所給我們最大的意義，是在這制度之下，人人有發展的機會，人人有成功的希望，所以人人有自信，彼此有互信。信心所至，事無不成。

中華民國歷經狂風暴雨，唯因堅守立國原則、堅定建國方向，而能在危疑震撼中百折不撓，愈挫愈強。如

今河山未復，赤禍未靖，如何早日完成三民主義統一中國，以解大陸同胞倒懸之苦，並慰總理和總裁在天之靈，瞻前想後，真是思潮起伏，深願能從過去的一些事實與經驗中，就中國的統一與世界和平的前途，尋求有益的啟示，探索正確的道路，為中國謀福祉，進世界於大同。

臺灣曾被日本軍閥統治半個世紀之久，又受二次世界大戰的破壞，追憶光復之初，一片荒蕪，百廢待舉。當時的情況，民食生產不足，工業幾等於零，國民所得極低，受過國民教育以上的人數，不到當時人口的三分之一。尤其到民國三十八年，大陸局勢全面逆轉，人心惶惶，那真是危急存亡、千鈞一髮的時刻。但我們堅毅沉著，英勇奮鬥，不但穩定了局面，而且隨即於民國三十九年七月實施地方自治，並於民國四十二年開始執行第一個四年經濟建設計畫，經過三十多年的辛勤奮鬥，一切依照三民主義的理想為最高的建設指導方針，終於造成了今日被國際上一般稱譽的所謂「臺灣奇蹟」。

對於「奇蹟」二字的讚美，我們有極深的感觸，因為這份「奇蹟」不是僥倖產生，憑空而降，而是結合了政府與全民的意志、智慧與血汗，循著正確的方向，經過無數面對挑戰、克服艱苦的歷程，不斷努力，勤勞耕耘得到的成就。這裡無需列舉統計數字，來說明我們在復興基地建設的進步實績，只想提出幾個重要事實和其所含的意義。這些事實在臺澎金馬幾乎每個人都曾直接參與，還包括海外的愛國僑胞，每個人都貢獻了心力，

代表著眾志成城的至理。

第一、三十多年來，我們在大敵當前之際，國家處於非常之境，一面整軍經武，鞏固基地；一面進行各種建設，繁榮社會。尤其是在政治上，堅守民主陣容，按期舉行各項公正、公平、公開的選舉，保持憲政的正常運作，確實作到了人民有權，政府有能，這是我國團結安定的根本。

第二、我們相信「雙手萬能」、「人定勝天」的道理，靠著全民的勤奮，已經發展出一個強勁的經濟力量。我們的國民平均所得，比大陸上的同胞高出十多倍，而且我們財富的分配相當平均，每一個肯吃苦、肯出力的人，就都有充分發展的機會。儘管我們可利用的天然資源有限，可是我們有無窮的精神資源，憑著我們不斷的努力，在全世界一百六、七十個國家中，我們成為第十五位貿易大國。民生主義經濟建設獲得了具體的成果。

第三、更重要的是，我們社會上充滿了一片朝氣，由民族倫理的道德觀念，形成了軍民同胞內心深處「同舟共濟」的向心力，在面臨挑戰之時，都會想到，「我是中華民族的兒女，我要為中國人爭一口氣」。這種「爭一口氣」的心理，不僅促使每個人努力奮進，更是愛國家、愛民族，希望國家更進步、更強大的精神動力。這是出於「以生為中國人為榮」的民族大義。

固然，在我們致力國家建設的途程中，除了遭遇許多阻力和困難之外，不容諱言，也有若干錯誤和缺失，但我們大家都能本乎民族大義，達到了民權平等、民生

樂利的境界，這與中共暴政在大陸不斷的奪權鬥爭、反覆無常所造成的極度落後，真是不可同日而語。由這鮮明的對照，三民主義建設在復興基地的成功，給了世人甚麼啟示，值得大家去思考。

第一、為甚麼目前中國分裂為二，不能統一？十億多中國人同是炎黃子孫，只隔著一條臺灣海峽，為甚麼臺澎金馬的中國人可以安和樂利、自由幸福，而大陸上的同胞就生活在貧窮落後、極權恐怖之中？同樣的中國人，為何有這樣大的不同？一言以蔽之，是三民主義與共產主義制度，也就是仁政與暴政截然不同的結果，是兩種制度把中國分裂為二，而不是海峽或其他因素。最近中共大力鼓吹「一國兩制」，來玩統一騙局，其實這種謊言不攻自破，因為不僅在復興基地的中國同胞不能與共產制度妥協，海外僑胞不能加以認同，就是所有大陸的中國人也決不甘願永遠在共產制度下被奴役、被犧牲。

第二、試想，如果把我們臺灣復興基地的經驗與成就，按照人口、土地、資源的比例去推算，一個民主、自由、統一的三民主義新中國，將使中國人民獲得怎樣的福祉？又將對全世界提供怎樣的積極性貢獻？

第三、今天的世界仍然存在著富與貧、強與弱、進步與落後、民主與極權、自由與奴役等種種差距，而且差距日遠，是為世局動盪不安的原因。我們覺得，這些問題能否得到解決，端視所行政治、經濟、社會制度的良窳。以本黨奮鬥過程的經驗來說，把握了「民生為歷史中心」的要領，用理性、溫和而漸進的改革，沒有階

級鬥爭，沒有矛盾衝突，調和大眾利益，不斷革新，不斷進步，由低度開發走向高度開發社會，走出光明的道路，這樣的經驗，自然值得世人的重視與借鏡。

今天世人已經看清，種種事實證明，馬列主義和共產制度在中國大陸三十多年的實踐已經徹底失敗。可是再想一想，在這失敗中，中國人民遭受到怎樣的一場劫難？付出了多少生命和血淚的代價？而這場劫難還在持續之中。

雖然中共已經招認了「馬列主義不能解決中國所有的問題」，不談這一招認究有幾分真意，它也掩蓋不了中共禍國殃民的昭彰劣績；除了把大陸陷於貧窮深淵之外，其所犯罪大惡極之處，莫若：

——中共不斷鬥爭的本質，使大陸上上下下捲入從未休止的循環鬥爭之中，不僅黨徒間奪權的文鬥武鬥，甚至逼迫子女鬥父母、學生鬥老師、親友家人間互鬥，其摧殘中國固有倫理道德、破壞文化遺產之毒辣，為所有中華兒女所不齒。

——中共嚴密的極權專政，剝奪了人民一切自由，包括沒有說話和不說話的自由，而反抗暴政者大多遭到整肅和殺害的命運。根據各種資料，歷年來被中共暴政殘害的大陸人民生命，高達數千萬人，其暴行可說史所未有。

——中共妄圖貫徹「世界革命」，不斷從亞洲開始，輸出革命，製造滲透顛覆，由「抗美援朝」、介入越戰、支援東南亞各國境內共黨、以至煽惑第三世界動亂等種種記錄，無一不在指出，中共破壞和平，

為世界的禍根亂源。

對於中共所有罪行，凡有良知的中國人無不深惡痛絕。只是共產黨徒擅長偽裝掩飾，運用其所謂「辯證法」和「矛盾論」，迷惑世人，導誤自由世界對其本質的認識，從而錯訂政策，以為中共有別於其他共黨，甚至對之產生幻想，寄望成為國際制衡的力量，這對世局前途，種下了極大隱憂與後患。

我們中國人深受中共禍害的切身之痛，對之瞭解也最深刻，以我們從痛苦經驗中得來的教訓和反共奮鬥的事實，除了早已識破它所慣用的統戰陰謀之外，我們還要特別揭穿中共使用中的一些騙術：

——誣稱馬克思主義有「真」「假」之分，把以往的暴行推為執行偏差，說成「假馬克思主義」，這完全是混淆視聽，障人眼目，其實只是掩飾馬克思主義破產的詭辯而已。

——企圖以批判馬列主義過時，佯裝「開放」，來掩飾其失敗，遮蓋其罪惡，並軟化反共陣營的鬥志，實則是反映了中共內部為了所謂「經濟改革」所引起的鬥爭，到了「反馬列不行、不反馬列也不行」的兩難困境。而根本上，在馬列的框架束縛中，永無真正開放的可能。

——捏造一個不倫不類的名詞——「建設有中國特色的社會主義」，配合「現代化」的幌子，來矇蔽世人；並且喊出「愛國主義」與「民族大義」，企圖爭取海外僑心。實則所有中國人的眼睛雪亮，馬列思想根本不承認國家觀念，從無民族意識，中共僭

取了中國的稱號，但事實上中共是反中國的。

——最厚顏也最可恥的，則是誣指總理的救國主義為
「舊三民主義」，而將民國十三年總理「聯俄、容
共、扶助農工」的階段性主張妄稱為「新三民主
義」，誠屬荒謬至極。其實總理早就明白反對馬克
思以暴力為實行的手段，並斷然指出，共產制度不
適用於中國，豈是亂冠「新」「舊」可以矇騙世人
耳目？

不論中共使用甚麼騙術，或者在變甚麼魔術，我已
說過，共產制度走入了死巷，它不變要亂，變則要亡。
歷史指出人類的成功啟示，也指出失敗教訓；它使人們
知道自己，更能認識別人。我們在受共黨殘害的痛苦經
驗中，認識了敵人，獲得了教訓。

歷史給我們的教訓是：自由與奴役不能兩立、民主
與極權不能並存，所以我們絕對不與中共妥協。我們堅
持這一立場，乃是本黨要為國家的命運和復興基地的安
全負責，要向所有中國同胞的願望負責。事實上，也
正因我們一貫的堅持和執著，才使中共統戰伎倆無法得
逞，打破了它想倒轉「優勝劣敗」形勢的圖謀。

中國必須統一，但必須統一於三民主義之下，這個
立場，決不改變！

回顧第二次世界大戰，同盟國家的勝利，消滅了納
粹軸心國家的極權政治，但不幸在另一場的思想戰和政
略戰上，幾乎節節退卻，讓馬列主義和共產政權步步得
逞，而其獨裁暴虐尤甚於納粹，為害世界和平與人類福
祉的程度也更烈。尤不幸者，雖然二次大戰以後共產勢

力的擴展幾達全球面積和人口的三分之一，但自由世界
對付共產威脅的決心和團結，則遠遜於當年之對納粹，
是為今日世局的重要癥結。

　　很多人認為，目前國際關係已由多元化代替了兩極
對抗，共產集團有了分裂，民主陣營間的利害亦不一
致，再加所謂「第三世界」新興國家的紛起，尤其還有
核子武器的僵局，使得今日的全球整個戰略形勢，大大
不同於往昔。本黨的看法是，儘管世局看來如此錯綜複
雜，但其基本態勢則仍然是民主對極權、自由對奴役之
戰，而兩者之間本質各異，互不相容，原無姑息妥協餘
地。因之，維護民主自由，就必須堅決反共。否則容許
共產勢力擴張一分，民主自由必然萎縮一分，這也正是
中華民國堅守民主陣容、堅持反共國策的立場所在。

　　再就中華民國在復興基地奮鬥的意義和對世局的影
響來看，本黨認為，今日中華民國的堅強屹立，實有其
莊嚴而令人鼓舞的意義：

其一、中共三十多年實行暴政的結果，證實共產制度徹
　　　底失敗，更顯出三民主義的優越性和適應性，
　　　使中國人民知道，中華文化的薪火仍由復興基
　　　地傳承，復活了中國前途的希望。

其二、中共攫奪不了臺澎金馬，當然阻絕了它進侵東南
　　　亞的企圖，更粉碎其赤化亞洲的野心，中華民
　　　國實際上鞏固了太平洋自由民主的堤防。

其三、中華民國是唯一能使未來中國大陸重返自由世界
　　　的關鍵力量。大陸人民決不甘受共產暴政的奴
　　　役，不會再受中共「改革」的欺騙，也不可能

完全傚做西方政治經濟的模式，但對臺灣的繁榮進步則有無限嚮往，因為同是中國人，應能得到同樣的生活品質，「臺灣經驗」的吸引力，必將成為大陸同胞推翻暴政的原動力。

近年自由世界每多寄望中共轉向開放，而予提供各種協助。但是證諸一九二〇年代到一九四〇年代，西方國家提供蘇俄軍經援助，結果造成今日頭號敵人的史實，再以我們幾十年對共黨的認識，可以斷言：對中共的「開放」寄以希望，必定落空；如予協助，則必重蹈覆轍，反可能使之成為另一個龐大的共產帝國，給自由世界構成更大的危害。

誠然，一個富強的中國，必對世界和平有益，但絕對不是共產制度下的中國，中共不可能有現代化的政治結構與制度，就不可能寄望中共有本質的改變。如果自由世界不予被奴役人民支援，反去援助一個暴虐政權，不僅徒將延長人民的痛苦，並將痛苦帶給更多的人民。

今天中華民國復興基地的臺灣，繁榮進步，與世界各國和睦相處，所以根本沒有所謂「臺灣問題」，有之，則是「中國問題」──中國如何統一的問題。不錯，中國只有一個，中國必將統一，但必將統一在福國利民的三民主義制度之下，唯有真正自由民主的中國，才能對世界和平有所貢獻！

我們肯定，這一日子不久終會來到。因為從中國歷代治亂興衰的史實來看，「得民者昌、失民者亡」、「仁者無敵、暴政必亡」，已經成為中國歷史的法則，殘民以逞的中共暴政，必然逃不過這一法則。

　　三民主義統一中國來臨之時，我們深信必將對自由世界作有利的貢獻。因為三民主義的中國，必將遵循國父「天下為公」與「世界大同」的理想，秉持中華文化溫柔敦厚的精神與平等互惠的原則，與國際社會衷誠合作，為維護世界持久和平克盡責任，奉獻力量。

　　總裁曾經說過：「世界局勢的重心在亞洲，亞洲局勢的重心在中國。」又說：「亞洲的安定，是世界安定的柱石；中國的復興，是亞洲安定的基礎。」可謂真知灼見。事實已經深切證明，假使中國大陸沒有赤化，自由世界就不會遭受共產集團擴張侵略的壓力，當然更不會發生「以共制共」策略所要冒的風險。今日中華民國在復興基地的反共奮鬥，目的固在救中國，實亦「以天下為己任」而盡一分力量。

　　當然，我們深知，反共救國的任務極為艱鉅，重建自由而統一的中國，確是任重道遠。但我們也堅信，共產主義已被中國人民唾棄，三民主義必能實行於全中國。這份信心來自大陸同胞追求自由民主的渴望，來自兩種不同制度下敵消我長的大勢，更來自海內海外全體中國人堅決反共的意志。

　　重建大陸，必以中華文化為基，以民眾為本，依據臺灣復興基地三民主義建設的藍圖，為未來中國的長治久安，奠定一個民族獨立、民權平等、民生樂利的制度。本黨的主張：

　　在政治上，秉持天下為公的精神，把中華民國憲法帶回大陸，全面推行民主憲政，根除極權獨裁和階級專政的遺害，切實做到國是決之於公意，政權歸屬於全

民，法律之前，人人平等。

在經濟上，秉持自由企業的理則，保障私有財產，維護就業自由和私人經濟活動，使生產者享有經營的所得，提高國民生活素質，促進國民經濟與國家整體利益的調和發展，讓貧窮落後永遠成為歷史名詞。

在社會上，一本機會均等原則，取消共產制度下的特權階級，廢除下放勞改以及一切加於思想和身份的禁錮，讓中國大陸同胞的善良人性復活，使社會充滿自由、開放、和諧的朝氣和活力。

在文化教育上，以培養民族意識為基礎，採兼容並蓄、創新融和的精神，獎勵學術自由，擷取世界文化菁華，弘揚傳統倫理道德，使中華文化萬古常新。

在對外關係上，本平等互惠原則，恪盡國際義務，並歡迎國際合作，相扶相助，在尊重主權的基礎上，促進發展，維護和平，使共產主義的「革命輸出」永成歷史陳跡。

近百年來，中華民族飽經憂患，我們緬懷總理救國的志業，回顧革命建國的歷程，這一個多世紀的歲月，雖然坎坷，但充滿希望；雖然崎嶇，但洋溢理想。今日本黨要掬誠以告者：

——自由世界的朋友們，應已看清當前世局之亂，無一不與共黨擴張有關，尤以中共慣用騙術，導誤自由世界決策，忽略了亞洲赤化長遠的威脅，必將為世局帶來無窮禍害。中華民國的堅決反共，即在防堵這種危機的發生，更積極的是要貫徹三民主義統一中國，期能根除共產禍源。因之，自由世界必須瞭

解中華民國在復興基地奮鬥的意義，瞭解中華民國的安危實與自由世界安危息息相關，從而齊正反共戰略，方是世界之福、人類之幸！

——全球的中國人，包括大陸上苦難中的同胞們，應已識透中共的邪惡本質、及其暴政使中國遭受的浩劫，一致奮起，以行動，用力量，個個參加反共行列，人人來做反共鬥士，高舉「愛國必須反共、反共就是愛國」的旗幟，強固全民反共陣線，共同誅滅民族罪人。今天「三民主義統一中國」不但已經成為海內外中國人共同的呼聲，且已訂為中華民國政府的基本國策，深願大家聲應氣求，同心協力，為這歷史使命奮鬥努力，使中國大陸早日重見青天白日的光輝！

——特別正告中共幹部們、黨員們，你們用了「人民共和國」的名，而大肆殘害人民，只是為了滿足你們實行「共產黨專政」的特權和私慾，三十多年來的所作所為，把大陸弄成又「赤」又「貧」。須知中華文化已經根深柢固，植於民心，馬列邪說無論如何不能為中國人所接受，任何花招瞞不過中國人的良知，「一國兩制」也罷，「四個堅持」也罷，徒然枉費心機，顯示黔驢技窮而已。為今之計，唯有及早覺悟，徹底拋棄馬列，投誠三民主義，則中國統一可為，中國建設可成。

七十五年前黃花岡之役，烈士們崇高的愛國志節、偉大的犧牲精神，為後世青年樹立了報國救國的楷模。如今追念先烈，看世界局勢，想中國前途，真是感觸萬

千。但千言萬語總結起來，只是一個心願：重建「自由化、民主化」的中國，讓中國人都能安居樂業，更讓統一於三民主義下的中國，能為亞洲與世界的安定、安全，克盡我們的貢獻與力量。深望所有中國人，一秉至誠，為中國統一的千秋大業而團結奮鬥；更希望自由世界體認中華民國的努力方向在為世界和平奠基，進而為人類造福，給予億萬中國人支持與鼓勵，讓我們順利完成偉大的歷史使命！

同志們，本黨創建了中華民國，不但是發展中國現代史動力的主流，更因一貫以「倫理、民主、科學」為國家建設的基石，導引了歷史發展的動向，使中國現代史的軌跡，循著光明的康莊大道前進。如今全中國的自由民主，關係全世界的安定和平，本黨肩負推動歷史的責任，至望全體同志，秉承先烈堅苦卓絕的勇毅精神，繼往開來，再接再厲，加快迎接三民主義統一中國大業的勝利，使自由、正義與平等、光明的青天白日旗幟，飄揚在全中國的每一個地方！

三中全會主席團名單

嚴家淦　李登輝　俞國華　谷正綱
黃少谷　倪文亞　吳伯雄　宋長志
邱創煥　徐　亨　黃尊秋　王亞權

三中全會提案審查委員會召集人名單

第一審查組
黃少谷　倪文亞　高魁元　洪壽南

閻振興　曹聖芬　何宜武

第二審查組

谷正綱　袁守謙　馬紀壯　郝柏村

王惕吾　趙自齊　連　戰

第三審查組

李登輝　沈昌煥　李國鼎　邱創煥

余紀忠　林挺生　高育仁

第四審查組

俞國華　宋長志　林洋港　辜振甫

黃尊秋　張建邦　許水德

3 月 30 日　星期日

下午

四時廿七分，蒞臨中山樓全會會場。

四時卅分，在貴賓室見馬秘書長樹禮，聽取對會議進行之報告。

四時五十八分，見嚴中常委家淦。

五時十二分，見馬秘書長樹禮。

五時十八分，返大直寓所。

七時五十八分，在大直寓所見宋主任楚瑜。

3 月 31 日　星期一

下午

三時卅九分，在大直寓所見駐新加坡胡代表炘。

四時二分，至中山樓在貴賓室見公子孝勇先生。

四時廿五分，見馬秘書長樹禮。

四時四十分，在文化堂主持三中全會第七次大會，通過
主席提議，追認馬樹禮同志為中央委員會秘書長。並且
通過主席提名之三十一位中央常務委員人選。隨後並致
詞期望今後的中常會，能了解任務的重大，實實在在的
做好「以黨的革新，來帶動行政的革新，以行政革新，
來帶動全面革新工作」。

五時，在貴賓室見宋主任楚瑜。

五時十八分，在文化堂主持閉會典禮，曾首先勉勵出列
席同志，要不畏環境的艱苦困難和險惡，屹立不搖，努
力奮鬥，來開創更美好的明天。隨即提出「邁向勝利的
新里程」書面閉會致詞，請馬秘書長樹禮代表宣讀。

五時卅五分，見馬秘書長樹禮。

五時四十八分，在三樓大餐廳與出列席全體同志共進晚
餐，並引用總裁訓示的「不要有偏心、不要有私心、不
要為自己想」期望大家以此作為做人做事的指針，同時
期勉全黨同志要以不屈不撓的信心，大公無私的精神，
為黨、為國家、為民族的前途而奮鬥。

六時十二分，返大直寓所。

七時廿六分，見秦主任委員孝儀。

中央常務委員名單

嚴家淦	謝東閔	李登輝	谷正綱
黃少谷	俞國華	倪文亞	袁守謙
高魁元	沈昌煥	李國鼎	王惕吾
林洋港	余紀忠	黃尊秋	洪壽南
宋長志	郝柏村	李　煥（新）	邱創煥

吳伯雄（新）　連　戰　　施啟揚（新）　辜振甫

曹聖芬　　　陳履安（新）　何宜武　　　林挺生

高育仁　　　許水德　　　張建邦

三中全會閉會典禮致詞

各位先生、各位同志：

　　本黨第十二屆中央委員會第三次全體會議和中央評議委員第三次會議，經過三天的議程，今天圓滿閉會。在與會同志的集思廣益、以及海內外各方的指教督促之下，不僅確定了本黨當前的階段任務，更加強了本黨結合全民、團結奮鬥的力量。經國對全體出列席和工作同志的辛勞與貢獻及各方賜予我們的寶貴意見，表示欽佩和感謝。

　　經國於開會致詞中曾經指出，本黨是發展中國現代歷史的主流，也導引了歷史發展的動向。此次大會通過「承先啟後、開拓國家光明前途」的主要議題，不僅再次說明本黨要為國家民族負起歷史的責任，更提示了我們策進中國統一的行動要領。凡本黨同志，都應身體力行，貫徹反共救國的時代使命。

　　本此體認，省察本黨國民革命第三期任務的歷程，我們尤應集中意志，精誠團結，為達成本黨革命任務的最後成功，繼續奮鬥。為此願以下面各點，來和全黨同志共勉：

一、在建設上，要深入基層，腳踏實地，團隊合作，顧全整體。一切作為，不僅要和民眾甘苦與共，更要為民表率，同心協力，從事於國家現代化的建設，

　　　厚植國力，以自由民主的實質優勢，壓倒敵人。

二、在思想上，要堅定三民主義的信仰，確信以「仁」
　　為本的三民主義是立國的根本、建國的大道，決非
　　滅絕人性的共產主義所能抵抗。我們要以三民主義
　　為國家建設的方針，一切作為，均唯主義是從。我
　　們堅決相信，民有、民治、民享的理想，必將實現
　　於全中國！

三、在精神上，要瞭解本黨革命的精神支柱，在於本黨
　　有救國救民、為國為民的理想和目標。在此反共建
　　國神聖任務必須積極貫徹的重要時刻，我們尤應遵
　　行總理、總裁的遺訓。培養黨德，堅持黨性，嚴守
　　黨紀，以非常的決心、非常的精神力量，完成非常
　　的任務。

　　　同志們，大會今天結束，也正是我們邁向勝利新里
程的開始。我們必須以更積極的作為，突破困難，推動
建設。以誠懇、虛心的態度，融合群體智慧，匯聚全民
力量，無分海內海外，團結於三民主義統一中國的旗幟
之下，為強固復興基地、弘揚民主憲政，早日重光大陸
而共同獻身效力！

　　　祝大家健康愉快！事業順利！

4月1日　星期二
上午

九時廿三分，在府見沈秘書長昌煥。

九時三十分，見美國聯邦參議員克蘭斯頓。

九時五十分，見沈秘書長昌煥。

九時五十八分，接見美國聯邦眾議員戴森、海奇爾夫婦、卡思奇、巴斯塔曼夫婦、史溫達爾夫婦。

十時卅五分，接見美國聯邦眾議員托瑞西里。

十一時，見沈秘書長昌煥。

十一時七分，見汪秘書長道淵。

下午

三時五十四分起，在府分別見駐南非楊大使西崑、駐巴拉圭王大使昇、駐南韓薛大使毓麒、駐沙烏地阿拉伯王國蔡大使維屏，以及香港時報曾董事長恩波、世界日報馬社長克任等。

五時十九分，集體見郝總長柏村、許主任歷農、金防部趙司令官萬富、政戰部周主任孝友、馬防部程司令官邦治、政戰部黃主任偉嵩。

五時卅四分，見郝總長柏村。

4月2日　星期三
下午

三時四十四分，在大直寓所見駐美錢代表復。

五時十三分，見俞院長國華。

七時五十七分，見馬秘書長樹禮。

4月3日　星期四

【無記載】

4月4日　星期五

上午

十時，在府頒授孫資政運璿一等卿雲勳章，以酬其忠誠謀國的嘉猷懋績。

十時十一分，見張副秘書長祖詒。

十時廿五分，見陳國策顧問裕清。

十時四十二分，見沈秘書長昌煥。

十一時五分，見宋部長長志。

十一時廿七分，見宋主任楚瑜。

下午

三時卅七分，在府見李副總統。

三時五十六分起，分別見駐印尼彭代表傳樑、駐菲律賓劉代表宗翰、駐馬來西亞殷代表惟良、駐泰國沈代表克勤、駐索羅門群島寧大使紀坤、駐英國房代表金炎、駐日本馬代表紀壯。

五時十分，見汪秘書長道淵。

授勳總統府資政孫運璿證書文詞

　　總統府資政孫運璿，在行政院院長任內，綜理政務，竭智盡忠，猷為孔昭，和衷益美，特授予一等卿雲勳章，功在國家，宜加榮典。

4月5日　星期六　先總統蔣公逝世十一週年紀念
上午

九時卅一分，偕同夫人至慈湖，恭謁蔣公陵寢致敬。

下午

四時五十八分，在大直寓所見俞院長國華。

六時四分，見秦主任委員孝儀。

4月6日　星期日
下午

三時卅二分，在大直寓所見沈秘書長昌煥。

四時卅分，見秦主任委員孝儀。

五時卅分，見宋主任楚瑜。

七時五十五分，見汪秘書長道淵。

4月7日　星期一
上午

九時五十分，在府見沈秘書長昌煥。

十時，接見日本眾議員椎名素夫。

十時廿二分，接見新加坡副總理王鼎昌。

十時四十三分，見沈秘書長昌煥及退輔會鄭主任委員為元。

4月8日　星期二
今日明令：特派施啟揚為中華民國慶賀史瓦濟蘭王國王儲登基大典特使。

下午

四時四十三分，在大直寓所見教育部李部長煥。

五時四十分，見馬秘書長樹禮。

4月9日　星期三

上午

八時卅五分，在臺北賓館見馬秘書長樹禮。

八時五十分，主持中常會，推定嚴家淦等十二位常務委員，就貫徹主席講話及各項決議案，進行規劃；分工策行，並由考紀會負責追蹤考核。會中，主席並剴切期勉大家，要放棄自己的利益，而為黨的利益、國家的利益來奮鬥，使得常會能為黨完成最大的貢獻。

九時五十五分，見新任中常委吳伯雄及陳履安二人。

十時，見馬秘書長樹禮。

十時十分，訪晤孫資政運璿於其寓所。

下午

四時廿一分，在大直寓所見秦主任委員孝儀。

五時一分，見宋主任楚瑜。

六時，見郝總長柏村。

中常會講話

各位先生，各位同志：

　　這次三中全會的舉行，充分表現出團結、和諧的氣象，使我們更具信心，更有勇氣向前邁進。記得在全會開幕致詞中，經國有一段話，要在這裡重述一下：「儘

管我們可利用的天然資源有限，可是我們卻擁有無窮的精神資源！」經國講這段話，是經過長時間的考慮才寫上去的。因為，三十多年來，我們在復興基地上，能夠快速的發展、進步與成長，所依靠的主要就是無形的精神資源，這種精神資源的發揮，就是革命精神的力量，也正是保證我們今後勝利、成功的關鍵。

我們必須了解，革命精神不是口號，而是要確確實實的為自己所信仰的主義奮鬥到底，要誠心誠意的為自己所堅持的目標奉獻一切。所以，經國希望大家不要把革命當口號，而是要以我們的熱血，我們的至誠，信仰主義，實踐主義，來完成我們的任務和使命。

此外，在全會閉幕致詞中，經國也有一段話說：「一切作為不僅要和民眾甘苦與共，更要為民表率，同心協力，從事於國家現代化的建設。」我們是一個以民眾的利益為利益、以國家的利益為利益的黨，因此，我們全體黨員，尤其是幹部同志，今後一定要做到與民眾共甘苦，做民眾的表率。

三中全會才告閉會，今天舉行三中全會後的第一次常會，大家一定要了解，全國國民和全黨黨員，對我們寄望殷切，為了報答我們的國民，我們的黨員，我們再不可以讓時間蹉跎過去，使許多該做的事情落空。我們要放棄自己的利益，而為黨的利益、國家的利益來奮鬥，使得常會能為黨完成最大的貢獻。

所以說，今天推定十二位常委負責三中全會各項決議案之研究規畫，分工策行，是非常迫切的工作。雖然全會交下來的案子很多，但我們要先選擇最重要的來

做，而且要快做，不要拖。

　　經國也常檢討，發現有一些工作，由於事先缺乏深入研究，辦法不夠具體，做起來就容易落空。今後，為了使工作更為落實，我們要加強彼此協調，相互合作，尤其要注意不可有本位主義、個人主義，不要為自己著想，而要為民眾的福祉和國家的利益著想，這樣我們的黨一定會開拓光明前途。

4月10日　星期四
下午
六時三分，在大直寓所見宋主任時選。

4月11日　星期五
下午
七時廿七分，在大直寓所見馬秘書長樹禮。

4月12日　星期六
國際同濟會第十二屆亞太年會今在臺北國父紀念館揭幕，總統曾頒書面賀詞，以勉勵其宏揚服務與睦誼精神。

上午
九時十四分，至圓山飯店理髮。
十時十二分，在府見黃院長少谷。
十時五十八分，見沈秘書長昌煥。

下午

四時卅二分，在大直寓所見俞院長國華。

五時四十七分，見秦主任委員孝儀。

4 月 13 日　星期日

今為國立交通大學建校九十週年校慶，總統特頒「學以致用」題字以賀勉之。

4 月 14 日　星期一

【無記載】

4 月 15 日　星期二

行政院國軍退除役官兵輔導委員會議今日上午在陽明山中山樓揭幕，總統特頒書面致詞，期盼與會代表同心協力完成復國大業。

今日明令：特派朱撫松為中華民國慶賀哥斯大黎加共和國總統就職典禮特使。

下午

七時廿八分，在大直寓所見馬秘書長樹禮。

行政院國軍退除役官兵輔導委員會議書面致詞

　　榮民輔導事業，秉承先總統蔣公關愛袍澤的德意及政府照顧退除役官兵的政策，三十多年來，由於全體榮民弟兄及輔導會各級工作同仁的精誠團結，自強不息，

辛勤努力，奮勵開創，對於我們的社會安定及國家建設，卓著貢獻，殊堪嘉勉。

當前三民主義統一中國大業猶待努力達成，如何確保復興基地內部安定與持續繁榮進步，以厚積一切反共復國力量，實為最大要務。值茲舉行七十五年輔導會議之際，至盼各位與會代表與輔導會同仁，集思廣益，創新精進，鞏固和諧團結，貫徹報國精忠，為完成復國建國的大業，同心協力，勇往邁進。

經國曾實際參與輔導會的工作，與我榮民弟兄有著血肉相連的情感，也無時不在關切大家的生活、健康及工作情形，尚請與會代表轉達誠摯的慰問之忱。

祝福各位健康愉快！勝利成功！

4月16日　星期三
【無記載】

4月17日　星期四
下午
四時五十八分，在大直寓所見俞院長國華。
七時廿九分，見汪秘書長道淵。

4月18日　星期五
總統日前經心電圖檢查，有心律不整現象，乃照醫師建議，於今日施行安裝人工心律調節器，由榮民總醫院主任江志恒主持，歷時約一小時，順利完成其手術。

4 月 19 日　星期六
【無記載】

4 月 20 日　星期日
今為勞工界國大代表周學湘九秩壽辰，總統特題頒「康強益壽」壽屏以祝賀之。

4 月 21 日　星期一
總統今日出院。

4 月 22 日　星期二
九時四十六分，在大直寓所見俞院長國華。
十時廿九分，見沈秘書長昌煥。

4 月 23 日　星期三
上午
十時五十八分，在大直寓所見馬秘書長樹禮。

下午
三時四十一分，在大直寓所見宋主任楚瑜。
四時五十二分，見嚴前總統。
五時五十三分，見郝總長柏村。
七時五十八分，見汪秘書長道淵。

4 月 24 日　星期四
史瓦濟蘭王國王儲塞提夫登基大典訂於明日在首都墨巴

本舉行，總統特去電申賀。

上午
九時五十六分，在大直寓所見沈秘書長昌煥。
十一時四十九分，見宋主任楚瑜。

下午
三時廿分，在府見宋主任楚瑜。
三時卅二分，見郝總長柏村。
三時卅七分，見李副總統。
三時五十分，見張副秘書長祖詒。
四時三分，見汪秘書長道淵。
四時十五分，見沈秘書長昌煥。
四時廿七分，接見巴拉圭共和國外交部部長薩迪華夫婦、次長阿塞維多夫婦。
四時卅五分，見沈秘書長昌煥及朱部長撫松。
五時，見宋部長長志。
六時四分，在大直寓所見秦主任委員孝儀。

4月25日　星期五
十時廿八分，在大直寓所見宋主任時選。
十一時十分，見宋主任楚瑜。

下午
五時九分，在大直寓所見汪秘書長道淵。

4 月 26 日　星期六

今值總統誕辰，仍照常到府上班，對海內外同胞之祝
賀，曾藉報端表示感謝之意。

上午

九時五十分，在府見宋主任楚瑜。

九時五十九分，見張副秘書長祖詒。

十時廿分，約見前橫貫公路工程總處處長林則彬、前高
速公路局局長胡美璜以及曾擔任嚮導之邱生等三人，
敘談往事，格外愉快。臨別時，還特別贈送每人壽酒
兩瓶。

十時卅七分，見沈秘書長昌煥。

下午

五時七分，在大直寓所見俞院長國華，對財經問題有重
要提示。

六時廿分，見馬秘書長樹禮。

七時四十二分，見秦主任委員孝儀。

4 月 27 日　星期日

下午

三時卅二分，在大直寓所見馬秘書長樹禮。

四時五十二分，見郝總長柏村。

八時十四分，見馬秘書長樹禮。

4月28日　星期一
上午

九時卅七分，至圓山飯店理髮。

十時廿五分，在府見沈秘書長昌煥。

十時五十五分，見汪秘書長道淵。

下午

五時一分，在大直寓所見宋主任楚瑜。

五時卅九分，見秦主任委員孝儀。

六時廿二分，見俞院長國華。

七時五十八分，見馬秘書長樹禮。

4月29日　星期二
上午

九時卅分，在府見李副總統。

九時五十分，見沈秘書長昌煥。

九時五十五分，見陶國策顧問百川。

十時五十一分，見沈秘書長昌煥。

十一時，見宋主任楚瑜。

十一時八分，見郝總長柏村。

下午

五時廿六分，在大直寓所見馬秘書長樹禮。

4月30日　星期三

今日特頒「宿望長昭」輓額，悼念日前逝世之工商界耆

宿林柏壽先生。

上午

八時卅三分，在臺北賓館見馬秘書長樹禮。

九時，主持中常會。

九時五十七分，見臺省府邱主席創煥。

5月1日　星期四　五一勞動節

總統特頒書面賀詞，勉勵全國勞工朋友精進奮發，為國家社會作更大貢獻。

今為輔導會榮民工程事業管理處成立卅週年紀念日，總統特頒「在艱彌厲、繼往開來」八字，以為賀勉。

下午

三時五十三分，在府見沈秘書長昌煥。

四時接見沙烏地阿拉伯王國財政暨國家經濟部部長阿巴赫爾。

四時廿九分，見沈秘書長昌煥。

四時四十三分，見宋主任楚瑜。

七時廿五分，在大直寓所見秦主任委員孝儀。

五一勞動節書面賀詞

五一勞動節慶祝大會主席並轉全國親愛的勞工朋友們：

今天是中華民國七十五年勞動節，全體勞工朋友歡慶佳節，經國首先要向各位申致誠摯的賀忱。

勞工朋友們是國家建設的楨幹，三十多年來，復興基地各方面的豐碩成果，都包含有各位辛勤耕耘所提供的諸多貢獻，經國特別要向各位表示由衷的敬佩。

政府推動一切建設的原則，是以締造安和、樂利、均富的社會為一貫目標。多年以來，政府對於保障勞工利益，改善勞工生活，莫不積極規劃，全力以赴，務期勞工生活獲得實質的提升，從而強化勞資和諧與合作，

厚植國家力量。

　　茲逢佳節，經國深望全體勞工朋友，體認時代使命，惕勵奮發，精進不已，為國家的繁榮與社會的進步，作更大的貢獻。同時經國對大家的生活、健康與工作情形，也無時不在關懷，尚請大會主席及與會代表轉達問候之意。

　　敬祝大家健康快樂，事業成功！

5月2日　星期五

旅秘魯僑領鄭華伍之喪今在臺北市聖家堂舉行公祭，總統題頒「軫懷僑彥」輓額以悼念之。

上午

十時五分，在大直寓所見汪秘書長道淵。

下午

三時十八分，在府見張副秘書長祖詒。

三時四十分，見安全局宋局長心濂。

四時七分，見朱部長撫松。

四時卅分，見沈秘書長昌煥。

四時五十一分，見法務部施部長啟揚。

5月3日　星期六

上午

十時五十六分，在大直寓所見宋主任楚瑜。

下午

三時三十分，在大直寓所見俞院長國華。

四時五十九分，見秦主任委員孝儀。

5月4日　星期日

下午

三時二分，在大直寓所見沈秘書長昌煥。

四時四十九分，見郝總長柏村。

五時廿七分，見馬秘書長樹禮。

5月5日　星期一

下午

五時十七分，在大直寓所見馬秘書長樹禮。

5月6日　星期二

第十五屆世界華商貿易會議定於六日在夏威夷揭幕，總
統特頒詞祝賀，並勉與會代表共籌良策，為華商事業再
創新猷。

上午

九時卅七分，在大直寓所見汪秘書長道淵。

下午

二時五十六分，在府見郝總長柏村。

三時廿五分，見汪秘書長道淵。

三時四十分，見警備陳總司令守山。

四時廿六分，見宋主任楚瑜。

四時五十分，見俞院長國華。

五時十三分，見許主任歷農。

五時廿四分，見宋主任楚瑜。

八時四十九分，在大直寓所見宋主任楚瑜。

第十五屆世界華商貿易會議賀詞

　　貴會創立二十三年來，對於團結全球華商俊彥，共策僑居地與中華民國復興基地間之貿易發展與經濟合作，貢獻至鉅，殊堪佩慰。

　　值茲國內經濟朝向自由化與國際化發展之際，貴會本屆會議，揭櫫「結合華商力量，促進華商事業現代化與國際化」議題，互為呼應，尤具意義。深信必能切中時宜，共籌良策，為華商事業再創新猷。

　　欣逢盛會，特此申賀。並祝大會圓滿成功！各位健康愉快！

5 月 7 日　星期三

上午

八時卅五分，在臺北賓館見馬秘書長樹禮。

九時，主持中常會。於聽取例行之年度中心任務報告後，特別提示中央政策委員會，應本著誠心誠意的態度，與社會各方面人士進行意見溝通，以促進政治和諧與民眾福祉。此外，於聽取李政務委員國鼎同志報告「行政院第八次科技顧問會議重要建議及擬採措施」情形後，並特別指出，科學發展一定要與改善國民生活實

際需要相結合，一定要為配合工商業界的發展而開拓
新路。

十時廿分，見俞院長國華，旋加見宋主任楚瑜，有所指
示後宋先退。

下午

六時廿五分，在大直寓所見沈秘書長昌煥。

5月8日　星期四

哥斯大黎加共和國總統阿里亞斯今在首都聖荷西舉行就
職大典，總統已致電申賀。

下午

四時廿四分，在大直寓所見俞院長國華。

五時五分，見宋主任楚瑜。

六時，見馬秘書長樹禮。

5月9日　星期五

今為總統府資政張羣先生九十八歲生日，總統除以電
話向其道賀外，並派總統府秘書長沈昌煥代表前往張府
致意。

下午

六時廿分，在大直寓所見宋主任楚瑜。

5 月 10 日　星期六

上午

八時五十八分，至圓山飯店理髮。

九時四十二分，在府見沈秘書長昌煥。

九時五十八分，接見新加坡共和國國防及貿易工業部政務部長李顯龍。

十時廿一分，見沈秘書長昌煥。

十時卅九分，見秦主任委員孝儀。

下午

三時卅六分，在大直寓所見俞院長國華。

八時，見馬秘書長樹禮。

5 月 11 日　星期日

大洋洲華僑團體聯合會第十屆年會，今在澳洲墨爾鉢揭幕，總統特頒書面賀詞，期勉僑胞們為自身前途與此一區域之自由繁榮，開創更美好的境界。

大洋洲華僑團體聯合會第十屆年會書面賀詞

大洋洲華僑團體聯合會第十屆年會全體代表公鑒：

　　貴會今天在澳洲墨爾鉢舉行第十屆年會，集僑賢俊彥於一堂，為促進大洋洲地區僑團的合作與發展，共策嘉猷，至足欣慰。

　　我僑胞基於中華民族勤勉奮發、愛好和平的傳統，一本敦親睦鄰、自立立人的精神，已在世界各地為促進人類社會正義和諧作了重大貢獻。深信此次年會，由於

各位的集思廣義，同心同德，必能加強大洋洲各地僑社
的團結與互助，為華僑的前途與此一區域的自由繁榮，
開創更美的境界，特申賀忱。敬祝大會圓滿成功，諸君
健康愉快。

5月12日　星期一
下午

四時四分，在府見汪秘書長道淵。

四時十六分，見俞院長國華及汪秘書長道淵。

四時四十分，見國防部張副部長國英。

七時卅分，在大直寓所見馬秘書長樹禮。

5月13日　星期二
上午

九時五十二分，在府主持軍事會談。

十時五十九分，見俞院長國華。

下午

三時五十七分，在大直寓所見宋主任楚瑜。

5月14日　星期三
上午

八時卅五分，在臺北賓館見馬秘書長樹禮。

九時，主持中常會，曾分別聽取組織工作會主任宋時選
的今年底增額中央民意代表選舉組織動員工作計劃報
告，以及大陸工作會主任白萬祥對中共最近在偽外交部

下設「臺灣事務辦公室」一事所提出之報告。並指示與會人員：

一、今年年底的選舉非常重要，應做好輔選工作。

二、中共對我統戰日亟，我應正視此一問題，並妥擬反制中共統戰的因應措施。

九時五十分，見馬秘書長樹禮及教育部李部長煥。

5 月 15 日　星期四

【無記載】

5 月 16 日　星期五

下午

四時八分，在府見沈秘書長昌煥。

五時十分，見俞院長國華。

五時四十一分，見馬秘書長樹禮。

七時廿六分，見秦主任委員孝儀。

5 月 17 日　星期六

上午

九時廿五分，在大直寓所見汪秘書長道淵。

下午

二時五十八分，在大直寓所見宋主任楚瑜。

三時四十五分，見俞院長國華。

四時四十九分，見郝總長柏村。

五時五十二分，見馬秘書長樹禮。

七時五十分，見李部長煥。

5月18日　星期日

國防部今日宣布，一種命名為「天劍一型」之空對空飛彈以及繼「天弓」全功能戰備彈之後發展而成之「天弓紅外線飛彈」，分別於四月間試射成功。

下午

一時五十分，在大直寓所見秦主任委員孝儀。

二時四十六分，見沈秘書長昌煥。

五時廿四分，見汪秘書長道淵。

七時五十五分，見馬秘書長樹禮。

八時廿六分，見宋主任楚瑜。

5月19日　星期一

中午

十二時四十九分，在大直寓所見汪秘書長道淵。

下午

五時四十七分，見馬秘書長樹禮。

七時卅一分，見秦主任委員孝儀。

5月20日　星期二

今為經公就任第七任總統二週年紀念日，海內外紛紛舉行慶祝活動，並上電致敬，申致愛戴之忱。此外，美國聯邦國會參院多數黨副領袖辛浦森及眾院多數黨領袖賴

特等六十六位議員亦分別致函總統申賀。同時強調中華
民國在遠東地區的安全正是美國外交政策利益之所在。

下午

二時五十分，在府見國防部張副部長國英。

三時十三分，見警備陳總司令守山。

三時卅九分，見沈秘書長昌煥。

四時十九分，見立法院倪院長文亞。

四時五十分，見汪秘書長道淵。

五時十分，見宋主任楚瑜。

七時廿一分，在大直寓所見秦主任委員孝儀。

5 月 21 日　星期三

上午

八時卅一分，在臺北賓館見馬秘書長樹禮。

九時，主持中常會。

下午

四時四十六分，在大直寓所見汪秘書長道淵。

5 月 22 日　星期四

下午

四時五十二分，在大直寓所見秦主任委員孝儀。

5月23日　星期五
下午

三時四十六分，在府見李副總統。

四時十五分，見沈秘書長昌煥。

四時五十五分，見宋部長長志。

五時十二分，見沈秘書長昌煥，並先後加見汪秘書長道淵，俞院長國華，宋主任楚瑜；至六時卅分始均退出。

七時廿八分，在大直寓所見秦主任委員孝儀。

5月24日　星期六
下午

四時卅四分，在大直寓所見俞院長國華。

5月25日　星期日
下午

三時四十八分，在大直寓所見馬秘書長樹禮。

5月26日　星期一
下午

三時卅五分，在府見郝總長柏村。

三時五十一分，見沈秘書長昌煥。

四時，接見韓國青瓦臺民情秘書全基煥。

四時十五分，見沈秘書長昌煥。

五時，見國家安全局宋局長心濂。

五時廿二分，見宋主任楚瑜。

5 月 27 日　星期二
【無記載】

5 月 28 日　星期三
下午

四時二分，在大直寓所見馬秘書長樹禮。

八時，見汪秘書長道淵。

5 月 29 日　星期四
下午

二時卅六分，至圓山飯店理髮。

三時廿四分，在府見郝總長柏村。

三時卅七分，見朱部長撫松。至五十一分，加見沈秘書長昌煥。

四時，接見瓜地馬拉共和國國會議長卡布雷拉。

四時廿五分，接見美國聯邦眾議員李蘭德。

四時四十二分，見沈秘書長昌煥。

四時五十四分，見國防部駐美採購團團長果芸。

五時十分，見秦主任委員孝儀。

五時廿分，見許主任歷農。

5 月 30 日　星期五
上午

九時四十五分，在府見沈秘書長昌煥。

十時南非共和國新任駐華大使濮麟士到總統府晉見總統，並呈遞到任國書。

下午

五時五十八分，在大直寓所見馬秘書長樹禮。

5月31日　星期六

下午

三時四十五分，在大直寓所見俞院長國華。

四時五十分，見馬秘書長樹禮。

五時卅七分，見宋主任楚瑜。

七時五十五分，見宋主任時選。

6月1日　星期日

國際扶輪社一九八六年國際年會以及美洲各僑團聯合年
會今日分別在美國拉斯維加市與洛杉磯舉行。總統特頒
書面賀詞以讚揚其貢獻與成功。

下午

四時四十四分，在大直寓所見秦主任委員孝儀。

國際扶輪社一九八六年國際年會書面賀詞

國際扶輪社一九八六年國際年會全體代表公鑒：

欣逢國際扶輪社一九八六年國際年會開幕吉辰，特
致誠摯之祝賀。

此一盛會實為一良好時機，使諸位來自不同國家的
扶輪社友得以共聚一堂，加深相互了解，並就如何推展
佳猷交換意見。

服務精神不僅為扶輪社宗旨之標誌，亦正為我中華
民國以仁為內涵之儒家精神之表徵。因此對於諸位為增
進人類福祉而矢志不渝之服務，吾人尤深致謝意。並祝
貴社各項可貴之努力繼續成功。

美洲各僑團聯合年會書面賀詞

美洲各地中華會館、中華公所、華僑總會聯誼會第七屆
年會，全美各地中華會館、中華公所聯誼會第十一屆年
會全體代表公鑒：

貴會成立以來，致力於僑胞團結及僑團聯繫，對僑
社安定進步，貢獻良多，至足欽佩。

　　值茲貴會於美國洛杉磯舉行年會，集美洲各地僑彥於一堂，共策僑胞福祉。深信必能有助於凝聚愛國反共力量，光大中華優美文化，發揮四海同心精神，邁向三民主義復興之路。特此致賀，並祝大會圓滿成功，諸位健康愉快。

6月2日　星期一

下午

四時十四分，在大直寓所見汪秘書長道淵。

五時廿九分，見馬秘書長樹禮。

八時三分，見宋主任楚瑜。

6月3日　星期二

今為青年軍復員四十週年，總統特頒書面訓詞，期勉他們及全國知識青年再度發揮獻身報國精神，為三民主義統一中國重新寫下不朽史篇。

上午

九時廿三分，在府見李副總統。

九時四十五分，見沈秘書長昌煥。

十時，主持軍事會談。

下午

四時十五分，在府見宋部長長志。

四時四十二分，見沈秘書長昌煥。

五時三十七分，見汪秘書長道淵。

青年軍復員四十週年書面訓詞

親愛的青年軍同志們：

今天是青年軍復員四十週年，青年軍同志在復興基地齊聚歡慶，以資紀念，實具有深長意義。

回憶抗戰末期，國家民族正當危急存亡之秋，全國青年志士，響應領袖「一寸山河一寸血，十萬青年十萬軍」的偉大號召，相率從軍報國，豪情貫日月，聲勢寒敵膽，不僅寫下革命青年大結合的光榮史詩，更為有志報國的後進青年，樹立了英勇的典範。復員以來，青年軍同志始終秉持革命精神，遵循領袖訓誨，為國家建設奉獻犧牲，卓著貢獻，殊堪佩慰。

自共匪禍國，神州淪陷，大陸同胞飽受煎熬，我們以臺澎金馬為基地，正在積極建設，厚植國力，矢志光復。我們今天使命之艱鉅，尤甚於往昔，深信我青年軍同志及全國知識青年，必能益自惕勵，團結奮鬥，再度發揚青年軍獻身報國的精神，為解救大陸同胞，完成以三民主義統一中國，而重新寫下不朽的史篇。

欣逢盛會，寄望彌殷，特綴數言，俾供策勉，並祝各位同志健康愉快，事業成功！

6月4日　星期三

上午

八時卅一分，在臺北賓館見馬秘書長樹禮。

九時，主持中常會，通過主席交議調任蕭昌樂為大陸工作會主任，張宗棟為秘書處主任。同時內定吳金贊為福建省政府主席。

九時四十五分，見馬秘書長樹禮及蕭主任昌樂。

下午

二時五十七分，在府見宋部長長志。

三時廿二分，見汪秘書長道淵。

三時四十四分，見陳資政立夫。

五時四十八分，在大直寓所見秦主任委員孝儀。

6月5日　星期四

今日明令：任命吳金贊為福建省政府委員兼主席。

6月6日　星期五

下午

四時十一分，在大直寓所見馬秘書長樹禮。

五時十六分，見宋主任楚瑜。

6月7日　星期六

下午

四時五十五分，在大直寓所見俞院長國華。

六時十分，見馬秘書長樹禮。

七時卅一分，見宋主任楚瑜。

6月8日　星期日

今為回教開齋節，總統已致電沙烏地阿拉伯王國國王法赫德申賀。

下午

五時十分，在大直寓所見沈秘書長昌煥。

6 月 9 日　星期一

上午

九時五十六分，在府接見哥斯大黎加共和國第二副總統
卡龍女士。

十時五分，見沈秘書長昌煥。

十時廿分，見宋部長長志。

十時卅七分，見汪秘書長道淵。

下午

七時五十八分，在大直寓所見馬秘書長樹禮。

6 月 10 日　星期二

下午

五時四十六分，在大直寓所見馬秘書長樹禮。

6 月 11 日　星期三

今日明令：派吳伯雄、連震東、吳三連、施啟揚、陳啟
川、關德辛、宋時選、董世芳、杜衡之、陳治世、張劍
寒、林菊枝、王澤鑑、謝漢儒為中央選舉委員會委員，
並指定吳伯雄為主任委員。

下午

五時十分，在大直寓所見秦主任委員孝儀。

6月12日　星期四
【無記載】

6月13日　星期五
下午

五時五十二分，在大直寓所見馬秘書長樹禮。

6月14日　星期六
下午

四時卅一分，在大直寓所見俞院長國華。

6月15日　星期日
下午

三時五十分，在大直寓所見沈秘書長昌煥。

6月16日　星期一
上午

八時四十一分，至圓山飯店理髮。

九時廿六分，在府見郝總長柏村。

九時五十分起，分別見鄒副總長堅、安全局宋局長心
濂、空軍郭總司令汝霖。

十時五十二分，見朱部長撫松。

十一時九分，見汪秘書長道淵。

下午

三時四十九分起，在府分別見陸軍蔣總司令仲苓、海軍

劉總司令和謙、聯勤溫總司令哈熊。

五時卅分，在大直寓所見秦主任委員孝儀。

6月17日　星期二

上午

九時廿五分，在府見汪秘書長道淵。

十時，見司法院黃院長少谷。

十時四十九分起，先後見郝總長柏村、馬秘書長樹禮、
國防部聯訓部蔣主任緯國。

下午

四時廿一分，在府見沈秘書長昌煥。

四時卅八分，見李副總統。

五時，見秦主任委員孝儀。

五時廿四分，見教育部李部長煥。

五時四十九分，見宋部長長志。

6月18日　星期三

上午

八時四十分，在臺北賓館見馬秘書長樹禮。

八時五十一分，見中央政策會蕭副秘書長天讚。

八時五十六分，主持中常會，內定汪道淵等四人人事案。

九時五十七分，接見美國克萊恩博士夫婦。

十時廿分，見沈秘書長昌煥及馬秘書長樹禮。

今日發布命令特任汪道淵為國防部長並為行政院政務委
員、蕭天讚為行政院政務委員、宋長志為總統府戰略顧

問，同時特派蔣緯國為國家安全會議秘書長。

6 月 19 日　星期四
下午

六時四分，在大直寓所見汪秘書長道淵。

6 月 20 日　星期五
【無記載】

6 月 21 日　星期六
十時四十六分，在大直寓所見秦主任委員孝儀。

6 月 22 日　星期日
下午

三時五十七分，在大直寓所見俞院長國華。

四時五十九分，見沈秘書長昌煥。

6 月 23 日　星期一
下午

四時五十五分，在大直寓所見宋主任楚瑜。

6 月 24 日　星期二
上午

九時五十四分，在府主持軍事會談。

下午

五時五十九分，見馬秘書長樹禮。

6 月 25 日　星期三

上午

八時四十分，在臺北賓館見馬秘書長樹禮。

八時五十五分，主持中常會，內定由國防部副參謀總長鄒堅上將出任駐韓國特命全權大使。

九時四十八分，見行政院國科會陳主任委員履安。

十時六分，見馬秘書長樹禮。

下午

五時三分，在大直寓所見汪秘書長道淵。

6 月 26 日　星期四

【無記載】

6 月 27 日　星期五

全國行政會議今日揭幕，總統特頒書面致詞，期勉全國行政人員必須建立工作的責任制度，做到行政制度化，辦事科學化。

上午

十時二分，在府見郝總長柏村。

十時十五分，見宋部長長志。

十時二十九分，見沈秘書長昌煥。

十時五十九分，見汪秘書長道淵。

十一時廿三分，見秦主任委員孝儀。

全國行政會議頒書面致詞

行政院俞院長並轉全國行政會議全體同仁：

今天行政院舉行全國行政會議，集合中央與地方各級主管人員，為提高行政效率，加強為民服務，改善生活環境，促進地方建設，共策嘉謨，這是現階段推動國家建設的一次重要會議。

三十多年來，政府結合全民的智慧與意志，在無數艱難險阻之下，遵循憲政體制，朝著正確方向，奮力邁進，使復興基地由安定鞏固而趨於壯大發展。今天我們在復興基地之建設成果所散發出來的光芒和熱力，已普照大陸！

由於經濟的成長，教育的普及，生活水準的提高，民眾對政府的期望，亦隨之提昇，因此，今天行政現代化的要求，比之以往更加迫切。我們唯有不斷革新、追求進步，才能配合時代的需要。

經國認為，要達到行政現代化的要求，我們必須建立工作的責任制度，以行政三聯制的精神為基礎，以科學辦事的方法為依據，做到行政制度化，辦事科學化。使一切業務，事權分明，責任確鑿；使所有工作人員，更能負責盡職，竭誠奉獻；並使每一計畫都有結果，每一工作都有著落，做到求真求實，貫徹始終。

這次會議討論的中心議題，無一不關係生活的自由，生存的安全，生計的發展，與生命的充實。檢討當前時代環境與社會現象，深感伸張倫理、維護民主、發達科學，實為一切建設的基礎。至盼大家以學識經驗，以良知熱忱，貢獻於會議，進而以集體的智慧，合成的

心力，一致的行動，完成反共復國的神聖大業。

敬祝會議成功，全體同仁健康愉快。

總統蔣經國

6月28日　星期六

上午

十時五十六分，至圓山飯店理髮。

十二時卅九分，自寓所至桃園中正機場。

下午

一時十六分，在機場貴賓室歡迎來華訪問之新加坡總理李光耀夫婦。

一時五十二分，自機場與李總理同車赴圓山飯店。

二時卅二分，由圓山飯店大廳至地下街換車返寓所。

6月29日　星期日

下午

四時，在大直寓所以茶會接待新加坡總理李光耀夫婦等一行，曾就中星兩國經貿等合作關係及此一地區國際情勢交換意見，茶會歷一小時餘結束。

6月30日　星期一

下午

三時二十二分，在大直寓所見駐新加坡胡代表炘。

四時五十五分，見秦主任委員孝儀。

7月1日　星期二

上午

十時，在府主持新任國防部長汪道淵、國家安全會議蔣
秘書長緯國、行政院蕭政務委員天讚、駐韓鄒大使堅宣
誓儀式。

十時六分，見周政務委員宏濤。

十時十二分，見國防部張副部長國英。

十時廿二分，見國家安全局宋局長心濂、何副局長
恩廷。

十時廿五分，見沈秘書長昌煥。

十一時七分，見汪部長道淵。

十一時十九分，見郝總長柏村。

十一時廿四分，見陳副總長燊齡。

7月2日　星期三

上午

八時四十二分，在臺北賓館見馬秘書長樹禮。

八時五十二分，主持中常會。

九時五十三分，見司法院黃院長少谷。

今日明令特任空軍二級上將郭汝霖為國防部副參謀總長
並為執行官，空軍二級上將陳燊齡為空軍總司令。

7月3日　星期四

【無記載】

7月4日　星期五

今為東加王國國王杜巴四世六秩晉八華誕，總統特致電申賀。

下午

三時廿一分，在府見郝總長柏村。

三時卅五分，見許主任歷農。

三時四十六分，見郭副總司令汝霖。

三時五十七分，見空軍陳總司令燊齡。

四時九分，見汪部長道淵。

四時十八分，見警備陳總司令守山。

四時四十三分，見沈秘書長昌煥。

五時十六分，見張副秘書長祖詒。

7月5日　星期六

總統今日寫信給楊恩典小朋友，賀她苦學完成國小畢業，並勉其繼續努力，充實自己，作為在艱苦中奮鬥的人們學習的榜樣。

下午

三時十六分，在大直寓所見俞院長國華。

五時七分，見馬秘書長樹禮。

致楊恩典小朋友信

恩典小朋友：

　　記得多年前，我到六龜山地育幼院，那時你年僅三

歲，雖然失去雙臂，但你聰明乖巧，令人憐愛。如今，知道你在六龜育幼院和龍興國小師長們的愛心教導下，歷經六年苦學，克服先天的障礙，終於完成國小學業，我心中感到無限的欣慰。

　　現在我給你寫信，一方面為你國校畢業表達我由衷的祝賀；同時希望你能繼續努力充實自己，把你這種殘而不廢、堅毅自立的勇敢精神，作為在艱苦中奮鬥的人們學習的榜樣。祝你健康快樂，學業進步，並請代向全院老師及小朋友們問候。

蔣經國
民國七十五年七月五日

7月6日　星期日
下午
四時五十四分，在大直寓所見郝總長柏村。

7月7日　星期一
今為索羅門群島獨立紀念日，總統特電索國總督戴維斯申賀。

國軍七十五年工作檢討會今日召開，總統特頒書面訓詞，期勉國軍官兵堅強反共意志，奉獻犧牲完成中興大業。

下午
三時五十三分，在府見沈秘書長昌煥。

四時接見哥斯大黎加第一副總統鄧國夫婦。

四時十八分，見沈秘書長昌煥。

四時卅分，見美國自由中國之友協會論文比賽得獎人羅珍妮小姐。

四時四十分，見沈秘書長昌煥。

五時三分，見教育部李部長煥。

7月8日　星期二

下午

三時五十三分，在府見沈秘書長昌煥。

四時接見馬來西亞前總理東姑拉曼、前內閣閣員翁毓麟及馬國回教福利會秘書長阿曼諾丁。

四時廿二分，見沈秘書長昌煥。

四時卅分，見美國聯邦參議員華勒卜夫婦、聯邦眾議員李文斯敦及傳統基金會主席佛納。

五時十七分，見汪部長道淵。

五時廿七分，見張副秘書長祖詒。

7月9日　星期三

上午

八時卅分，自臺北賓館見馬秘書長樹禮。

九時，主持中常會。

十時十分，至圓山飯店理髮。

7月10日　星期四

總統明令：曾廣順等人為動員戡亂時期僑選增額立法委

員及監察委員遴選工作委員會委員，並指定曾廣順為主任委員。

**動員戡亂時期僑選增額立法委員及監察委員
遴選工作委員會委員名單**

曾廣順　張祖詒　董世芳

吳金贊　姚　舜　丁懋時

施金池　許鳴曦　鄭心雄

7月11日　星期五

上午

十時廿分，見郝總長柏村、金防部趙司令官萬富、馬防部程司令官邦治、東引指揮部王指揮官易謙。垂詢戰地軍民生活及農商各業情形，並囑轉達關懷之意。

7月12日　星期六

下午

四時卅五分，在大直寓所見俞院長國華。

六時一分，見秦主任委員孝儀。

六時卅六分，見文工會宋主任楚瑜。

7月13日　星期日

下午

四時十二分，在大直寓所見沈秘書長昌煥。

五時，見汪部長道淵。

7 月 14 日　星期一

總統今天以書面訓詞期勉參加今年國建會同仁，以中興復國為已任，緊密團結，奮發精進，早日完成以三民主義統一中國的神聖使命。

下午

八時十分，在大直寓所見安全局宋局長心濂。

中華民國七十五年國家建設研究會書面致詞

各位女士、各位先生：

中華民國七十五年國家建設研究會今天揭幕，各位學者專家於此盛夏齊聚一堂，共商國家建設大計，這種愛國的熱誠與志節，經國至為感佩，對於遠道回國參加會議的女士、先生們，更要表示由衷的歡迎之意。

歷年的國建會由於與會者的坦誠建言，集思廣益，對於促進國家各項建設的順利推展，卓著貢獻。各位都是學有專精的一時俊彥，仍望一本知識報國的情操，和衷共濟的精神，暢抒高見，使今年的會議能有更豐碩的成果。

中華民國在復興基地各項建設的成就，已使我們具備邁入開發國家的能力，為加速達成此項目標，並謀社會的均衡發展，在政策方面，必須兼顧物質建設與文化建設，提高生活品質與道德水準。所以，今年國建會特以「邁向已開發國家」為主題，進行分組及綜合研究，期望各位以深邃細密的學養和高瞻遠矚的眼光，提出寶貴建議，結合智慧，開創國家現代化的康莊大道。

　　各位女士、各位先生，以三民主義統一中國，使全
體中國人共享自由、平等、富足的生活，是我們光榮的
責任。三十多年來政府在復興基地苦心孤詣，勵精圖
治，已經為中國的未來刻劃了一個具體可行的藍圖。現
在正是我們滿懷信心、乘時奮起，將三民主義推展到大
陸的大好時機，至盼所有參加國建會的同仁與我海內外
同胞，人人以中興復國為己任，緊密團結，奮發精進，
早日完成以三民主義統一中國的神聖使命。

　　敬祝各位健康愉快，會議圓滿成功。

7月15日　星期二

下午

五時廿九分，在大直寓所見秦主任委員孝儀。

7月16日　星期三

上午

八時四十分，在臺北賓館見馬秘書長樹禮。

九時，主持中常會，在會中指出，不論是國民黨籍與非
國民黨籍立法委員，都應抱持只有國家沒有個人的胸
懷，一切以國家為重，發揮相忍為國的精神，同心協力
克服更多的困難，創造更大的進步。

十時四十分，見中國時報余董事長紀忠。

十一時六分，見馬秘書長樹禮。

7 月 17 日　星期四

下午

四時四十五分,在府見沈秘書長昌煥。

五時一分,見秦主任委員孝儀。

五時十五分,見汪部長道淵。

五時二十八分,見行政院周政務委員宏濤。

7 月 18 日　星期五

【無記載】

7 月 19 日　星期六

今日明令褒揚故企業家林柏壽先生。

下午

五時二分,在大直寓所見俞院長國華。

林柏壽褒揚令

　　中華文化復興運動推行委員會暨國立故宮博物院管理委員會常務委員林柏壽,學養深淳,志節超然,熱心維護文化資產,捐獻百年世守名園,藉存傳統建築之美。創辦臺灣電視公司,一新大眾傳播事業。復響應耕者有其田政策,引興民營工業,促進經濟發展。綜其生平,葆文物以華國,振農工以裕民,淡泊名利,益為世重。茲聞溘逝,悼惜良深,應予明令褒揚,以彰碩德。

7月20日至21日　星期日至一
【無記載】

7月22日　星期二
上午

八時廿三分，至圓山飯店理髮。

九時九分，在府見郝總長柏村。

九時三十三分，見空軍陳總司令燊齡。

九時四十七分，見沈秘書長昌煥。

九時五十三分，主持軍事會談。

下午

五時十五分，在大直寓所見秦主任委員孝儀。

7月23日　星期三
上午

八時二十三分，在臺北賓館見馬秘書長樹禮。

八時五十一分，主持中常會。

十時十一分，見立法院倪院長文亞。

十時卅八分，見馬秘書長樹禮。

十時五十三分，至中央黨部巡視常會會議廳及主席辦
公室。

下午

六時十五分，在大直寓所見宋主任楚瑜。

7 月 24 日　星期四

今日報載，總統關切我國外匯存底過多問題，行政院乃依據指示，宣布一連串因應措施，顯示我國積極推動經濟自由化與國際化政策。

7 月 25 日　星期五

總統特頒行政法院評事吳恒順、黃鏡清懋績獎章，今日由司法院黃院長少谷代為頒授。

下午

三時五十分，在府見張副秘書長祖詒。

三時五十五分，見國建會總領隊費景漢及副總領隊黃肇珩。

四時卅五分，見丁軍長之發。

四時四十九分，見中警部張司令少剛。

四時五十五分，見憲兵周司令仲南。

五時十五分，見郝總長柏村。

7 月 26 日　星期六

上午

九時廿三分，在府見安全局宋局長心濂。

九時五十八分，見李部長煥。

十時廿七分，見馬秘書長樹禮。

下午

四時三十四分，在大直寓所見俞院長國華。

九時八分，見汪部長道淵。

7月27日　星期日
下午

五時四十三分，在大直寓所見馬秘書長樹禮。

7月28日　星期一
下午

三時四十分，在府見張副秘書長祖詒。

四時十四分，見汪部長道淵。

四時廿五分，見青輔會姚主任委員舜。

7月29日　星期二
中央研究院第十七次院士會議今天揭幕，總統特頒書面
致詞，期勉全體院士，要秉持學術報國的襟懷，共抒智
慧，共籌良謨，為開創國家的新運而努力。

中央研究院第十七次院士會議書面致詞
吳院長、各位院士先生：

　　中央研究院第十七次院士會議今天揭幕，各位院士
先生在學術上表率群倫，素為士林所欽重，對促進中華
文化的傳承再造，科學發展的日新又新，與國際學術的
交流合作，成就卓著。此次能在炎夏，不辭辛勞來參加
會議，特在此表示由衷的歡迎與感謝之忱。

　　中央研究院是國家最高學術機關，負有引導學術研
究與發展的重大使命。近年以來，無論在延攬高級人

才、提昇研究水準、擴展研究領域、以及建立評審制度
等各方面，都有長足的進展，顯現出生氣勃勃的景象，
令人感到無限欣慰。

我們都知道，學術自由是象徵文明進步的標誌，學
術研究是推動國家建設的基礎。在追求國家現代化的途
程上，我們對學術自由的尊重與學術發展的期望，實是
無比的誠摯與殷切。深盼各位都能秉持學術報國的襟
懷，針對國家需要，負起中央研究院指導、聯絡、獎勵
學術研究的任務；強化基礎科學的研究，致力繼起人才
的培養，使學術的根基更為深厚，發展的幅面更為廣
闊，為國家與全民福祉，作更大的貢獻。

各位院士先生，國家當前的處境雖然艱難，但是我
們相信，多難興邦，事在人為。只要我們的信心堅定、
理想遠大，任何一時的困難，終必可以克服。復興基地
三十多年的建設經驗與成果，更使我們對民主、自由統
一中國的目標，滿懷樂觀與希望。今後我們將繼續朝此
目標，奮勵不懈，也期望各位共抒智慧、共籌良謨，同
為開創國家的新運而努力。

敬祝會議圓滿成功，各位健康愉快。

7 月 30 日　星期三

上午

八時四十一分，在臺北賓館見馬秘書長樹禮。

九時，主持中常會。通過主席交議，由曹伯一出任大陸
工作會副主任。

十時一分，見馬秘書長樹禮。

下午

五時四十六分，在大直寓所見宋主任時選。

7月31日　星期四

下午

二時五十分，至圓山飯店理髮。

三時三十五分，在府見張副秘書長祖詒。

三時五十三分，見中央研究院院長吳大猷及院士楊振寧
夫婦。

四時二十九分，見新任駐宏都拉斯大使黃傳禮。

四時四十八分，見張副秘書長祖詒。

九時十五分，在大直寓所見宋主任楚瑜。

8月1日　星期五

今日明令特派朱撫松為我國慶賀多明尼加共和國總統就職典禮特使。

下午

五時四十三分，在大直寓所見秦主任委員孝儀。

8月2日　星期六

上午

九時四十九分，在府見安全局宋局長心濂。

十時廿九分，見中央銀行張總裁繼正。

十時五十四分，見駐韓鄒大使堅。

下午

三時五十八分，在大直寓所見俞院長國華。

8月3日　星期日

下午

四時十九分，在大直寓所見馬秘書長樹禮。

8月4日　星期一

總統悼念榮工處嚴故處長孝章之喪，今天特指示鄭主任委員為元向其家屬致唁慰問。

8月5日　星期二
上午

九時二十分，在府見張副秘書長祖詒。

九時三十二分，見秦主任委員孝儀。

九時四十三分，接見宏都拉斯共和國駐華大使宋雪莉。

九時五十三分，主持軍事會談。

下午

五時五十二分，在大直寓所見秦主任委員孝儀。

8月6日　星期三
上午

八時三十六分，在臺北賓館見馬秘書長樹禮。

九時，主持中常會。通過由七位中央常務委員擔任七十五年增額國民大會代表和立法委員選舉本黨候選人提名審核委員。另通過內定關鏞出任我國駐沙烏地阿拉伯王國大使。

九時五十分，見俞院長國華。

十時八分，見馬秘書長樹禮。

十時十六分，至中央黨部巡視常會會議廳及主席辦公室。

七十五年增額國民大會代表和立法委員選舉
中國國民黨候選人提名審核委員

召集人：嚴家淦

委　員：李登輝　沈昌煥　俞國華

倪文亞　邱創煥　吳伯雄

8 月 7 日　星期四

今日明令特任關鏞為我國駐沙烏地阿拉伯王國特命全權大使。

8 月 8 日　星期五

下午

五時二十分，在大直寓所見秦主任委員孝儀。

8 月 9 日　星期六

上午

十時，在府見沈秘書長昌煥。

十時十二分，見沈秘書長昌煥及朱部長撫松。

十時二十八分，見汪部長道淵。

下午

三時四十二分，在大直寓所見俞院長國華。

8 月 10 日　星期日

【無記載】

8 月 11 日　星期一

本黨中央評議委員柯俊智之喪，總統特頒「志業長昭」輓額悼念。

下午

三時二十五分，在府見張副秘書長祖詒。

三時四十三分，見沈秘書長昌煥。

四時二十二分，見輔導會鄭主任委員為元，並指示對嚴
故處長孝章之喪應妥為治喪，並照顧其遺族。

四時四十三分，見司法院黃院長少谷。

五時二十一分，見李副總統。

8月12日　星期二
下午

八時四十二分，在大直寓所見秦主任委員孝儀。

8月13日　星期三
下午

四時四分，在府見郝總長柏村。

四時四十二分，見沈秘書長昌煥。

五時十七分，見張副秘書長祖詒。

五時四十二分，見汪部長道淵。

六時十三分，見周政務委員宏濤。

八時五十分，在大直寓所見馬秘書長樹禮。

8月14日　星期四
下午

三時二十一分，在府見沈秘書長昌煥。

四時三分，見宋主任楚瑜。

四時三十六分，見李部長煥。

八時五十六分，在大直寓所見馬秘書長樹禮。

8 月 15 日　星期五

今為回教忠孝節，總統特致電沙烏地阿拉伯王國國王法赫德申賀。

今為大韓民國國慶日，總統特致電韓國大統領全斗煥申賀。

下午

三時九分，至中央黨部巡視常會會議廳及主席辦公室。

三時四十分，在府見張副秘書長祖詒。

四時二十五分，至本府介壽堂巡視。

四時三十二分，見張副秘書長祖詒。

四時四十五分，見汪部長道淵。

8 月 16 日　星期六

中華青少棒隊今天榮獲一九八六年世界青少棒賽冠軍，總統特去電致賀。

下午

四時三十九分，在大直寓所見俞院長國華。

六時三分，見馬秘書長樹禮。

八時五十五分，見宋主任時選。

中華青少棒隊榮獲一九八六年世界青少棒賽冠軍賀電

北美事務協調委員會駐亞特蘭大辦事處轉中華青少棒全
體隊職員：

你們英勇奮戰，衛冕成功，揚譽海外，發揚我中華
青少年堅毅進取的精神，至足欣慰，特電申賀。

8月17日　星期日

今日特頒褒揚令表揚嚴孝章，並頒輓額悼念。

下午

五時三十六分，在大直寓所見秦主任委員孝儀。

八時，見宋主任楚瑜。

嚴孝章褒揚令

行政院國軍退除役官兵輔導委員會榮民工程事業管
理處處長嚴孝章，志慮忠純，器識宏遠。早習土木工
程，以所學獻身軍旅，參加抗戰戡亂，籌畫軍工構築，
頗多建樹。自接長榮工事業，銳意創新，擴展業績，完
成國家多項重大建設，貢獻卓著。嗣後開拓海外工程，
成效孔彰，增益邦誼，於國有光。近年兼任棒球協會理
事長，悉心培育人才，振興棒運，揚聲國際。綜其生
平，忠勤精進，報國多方，遽聞溘逝，悼惜良深，應予
明令褒揚，以示政府篤念勳藎之至意。

8月18日　星期一
下午

四時七分，在府見許主任歷農。

四時三十二分，見李副總統。

五時三分，見輔導會鄭主任委員為元。

五時十八分，見警備陳總司令守山。

五時四十分，見郝總長柏村。

六時六分，見汪部長道淵。

8月19日　星期二
上午

九時十四分，在府見安全局宋局長心濂。

九時四十二分，見國家安全會議蔣秘書長緯國。

十時，主持新任駐沙烏地阿拉伯關大使鏞。國防部郭副總長汝霖、空軍陳總司令燊齡宣誓儀式。

十時四分，主持軍事會談。

十一時三分，見俞院長國華。

下午

三時五十七分，在府見甫卸任之駐韓薛大使毓麒。

四時十九分，見駐沙國關大使鏞。

四時卅八分，見駐韓鄒大使堅。

8月20日　星期三
上午

八時三十三分，在中央黨部見馬秘書長樹禮。

九時，主持中常會。通過了本黨參加今年年底中央民意
代表選舉的提名名單，並期勉全黨同志應自我惕勵，
困知勉行，誓為民眾福祉、國家利益、民族前途，全力
以赴。

九時五十九分，見馬秘書長樹禮。

十時二十四分，至圓山飯店理髮。

下午

三時四十四分，在府見沈秘書長昌煥。

四時，見美聯邦參議院外交委員會主席魯嘉夫婦。

四時三十六分，見沈秘書長昌煥。

五時十五分，見汪部長道淵。

中常會講話

各位常務委員、各位同志：

　　中央委員會經過深入的、審慎的、仔細的評選過
程，已推選出一百廿一位本黨同志，並經今天中常會的
通過，代表本黨參加今年底政府舉辦的中央民意代表選
舉，經國願藉這個機會，提出一些感想和意見，與全體
同志共勉。

　　本黨每次提名同志參加各項民意代表或地方首長選
舉，完全是為國家舉才，為社會舉才，絕不是為了某一
個人或某一個團體的利益。我們也希望藉由這些同志參
與選舉，而擴大民主憲政的基礎，並為增進國家利益和
民眾福祉，作最大的貢獻。這次參加黨內提名登記的同
志，為數不少，因限於名額，自難免遺才之憾。惟黨員

報國之道甚多，希望各位同志無論是否獲得提名，都能
一本初衷，繼續站在各種不同崗位上而共同努力。

中國國民黨自成立以來，即不斷遭遇艱難與挑戰，
在我們奮鬥的過程中，軍閥、共黨及其他惡勢力等等，
也都曾與本黨、社會、國家為敵，企圖打擊本黨。然
而，因為我們有理想、有目標，憑著全黨同志的堅忍、
團結與信心，以及全民對本黨的信任與支持，使本黨至
今依然能屹立不搖。如今本黨正肩負著反共復國的重責
大任，面對開創國家民族新局的挑戰，際此緊要時刻，
全黨同志尤須自我鞭策，自我惕勵，困知勉行，誓為民
眾福祉、國家利益、民族前途，竭盡所能，全力以赴。

觀察當前政治情勢，中共對我們的統戰，誠然是愈
來愈烈，而其最大的目標，就是要企圖打擊本黨，去除
其赤化全中國的眼中釘。因此，如何鞏固本黨基礎，提
高黨員素質，加速黨務革新，腳踏實地的力行十二屆三
中全會的各項決議，實為當務之急。

在這方面經國以為，我們應從廣面及縱深去研訂國
家建設的政策，擬訂福國利民的措施。換言之，我們一
定要站在國家與民眾的立場，主動的檢討得失，制定明
確的改革方案，萬不可信任先入為主的紙上作業，而使
施政流於口號。我們必須藉由有系統的分析，對各種複
雜的問題作成客觀、正確的判斷，也唯有如此，才能使
每一項施政計畫落實，而收到預期的成效。

尤其重要的是，增強政府的能力，要靠「見識」、
「擔當」和「誠意」；剷除社會的不法，要靠「決心」、
「勇氣」和「魄力」。優柔寡斷，唯唯諾諾的工作態

度，必然會影響施政的效果。反之，只要每一位黨員同志，抱持關懷民眾、熱愛民眾的胸襟，以負責的精神，誠心誠意，勇往直前，我們堅信，必能贏得全體國民對本黨更大的支持與擁戴。

四十多年來，本黨在復興基地上努力耕耘，無一不在追求國家的進步與成功，但也有少數人卻唯恐天下不亂，希望看到我們失敗，實在令人痛心。事實上，我們必須了解，此時此地，任何與國家政策相違背的作法都將註定會失敗。今天，大家只有不分彼此，團結一致，誓死奮鬥，才能確保復興基地的穩固、安全與堅強。至於本黨同志尤其要以無私無我的態度，堅定不移的決心，匯集無比的智慧與力量，來貫徹本黨的政策，爭取全體國民的合作與信賴。

中國國民黨具有悠久的傳統和歷史，是以實現三民主義為目標的政黨，也是救國救民的政黨；更是一個大公無私屬於全體國民的政黨，讓我們大家同心同德，共同努力，克服困難，相信我們一定能從艱苦的環境中，開創出一條更光明的道路，導引我們邁向勝利與成功。

8月21日　星期四
下午

八時五十八分，在大直寓所見馬秘書長樹禮。

8月22日　星期五
上午

九時三十一分，在府見沈秘書長昌煥。

十時，接見宏都拉斯共和國新任駐華大使塞貝達，宏國大使同時呈遞到任國書。

十時十分，見沈秘書長昌煥。

十時三十三分，見張副秘書長祖詒。

總統關切中南部颱風災情，今日下午電話指示臺省府邱主席創煥儘速展開救災重建工作。

8 月 23 日　星期六

中華少棒隊今天在美獲得世界冠軍，總統特馳電慶賀。

下午

四時四十七分，在大直寓所見俞院長國華。

五時五十五分，見郝總長柏村。

八時五十六分，見汪部長道淵。

中華少棒隊獲得世界冠軍賀電

北美事務協調委員會駐華盛頓辦事處轉中華公園少棒全體隊職員們：

你們努力奮戰，獲得光榮勝利，表現了奮發進取精神，至感高興。特電致賀。

蔣經國

8 月 24 日　星期日

下午

四時三十六分，在大直寓所見馬秘書長樹禮。

8月25日　星期一

今為烏拉圭共和國國慶，總統特致電該國總統桑吉內提申賀。

下午

八時四十二分，在大直寓所見秦主任委員孝儀。

8月26日　星期二

第十一屆世華金融聯誼會今日揭幕，總統特頒賀詞，期勉再創佳績。

上午

九時二十二分，在府見張副秘書長祖詒。

九時三十六分，見馬秘書長樹禮。

九時四十七分，見沈秘書長昌煥。

十時二十九分，見郝總長柏村。

下午

六時十分，偕夫人至文錦山莊參加餐會。

第十一屆世華金融聯誼會賀詞

第十一屆世華金融聯誼會全體代表公鑒：

貴會自創立以來，致力聯繫全球華商金融界俊彥，加強僑商之團結合作，促進僑居地之經濟繁榮，貢獻卓著，殊堪佩慰。

值茲我國積極努力邁向開發國家之際，華商金融界

所扮演之角色將益形重要，貴會本屆會議以促進華商金
融業務之現代化與國際化，提高我經貿地位以及推動華
僑經濟發展等為研討主題，至具意義。深信與會代表必
能凝聚智慧，善籌良謨，為華僑金融事業再創佳績。

欣逢盛會，特申賀忱，並祝大會圓滿成功。

8 月 27 日　星期三

上午

八時十七分，在中央黨部見馬秘書長樹禮。

八時二十八分，見臺省府邱主席創煥。

八時五十分，見俞院長國華。

九時，主持中常會，提示各級黨政同志要把民眾的災
難，視為自己的災難，民眾的痛苦，視為自己的痛苦，
全力以赴，做好災區重建工作。另通過主席交議：派
許勝發出任中央政策會副秘書長，謝深山為社工會副
主任。

九時四十五分，見馬秘書長樹禮及蕭政務委員天讚。

十時十七分，在府見汪部長道淵。

美國前駐華軍事援助顧問團團長蔡斯逝世，總統特電唁
其家屬，表示哀悼。

8 月 28 日　星期四

下午

十一時十一分，在大直寓所見秦主任委員孝儀。

8月29日　星期五

總統特撥發秋節慰問金，慰問大專院校教師教學之辛勞。

旅菲華僑企業家鄭周揚之母鄭龔抱月之喪，總統特頒匾額悼輓。

下午

二時三十分開始，在府接見國防部區次長小驥、聯勤鄭副總司令本基、海軍第一軍區郭司令宗清、國防部部長辦公室任主任敬吾、陸總蔡參謀長廣福、海軍艦隊司令部歐陽司令位、海軍李副總司令用彪、梁參謀長純錚、空軍官校唐校長飛、國防部後勤次長室趙助理次長域、計畫次長室第四處童處長兆陽、陸總徐副參謀長文彧、情報署張署長正昉、陸軍第四十三軍王副軍長仲超、陸軍航空指揮部林指揮官正衡、陸軍獨立第六八旅韓旅長國瓚、海軍第一四二艦隊李艦隊長覲基、國防部計畫次長室周助理次長遠大、空總袁副參謀長行遠、情報署劉署長書文、空總作戰司令部顧參謀長瑞祥、空軍第四五五聯隊沙聯隊長龍禧、黃副聯隊長顯榮、空總計畫署齊副署長正文。

五時四分，見李副總統。

8月30日　星期六

日本中華聯合總會會長李合珠之喪，總統特頒輓額悼念。

國軍耆宿李青先生百歲誕辰，總統特頒壽軸祝賀。

世華聯誼會等三大會，今日開幕，總統特頒賀詞祝賀。

下午
四時三十二分，在大直寓所見俞院長國華。

世華聯誼會等三大會開幕賀詞

世界五大洲華人團體聯誼總會第四屆、非洲地區華人聯
誼會第五屆、非洲地區三民主義統一中國大同盟第三屆
年會全體代表公鑒：

欣聞貴會在南非約翰尼斯堡舉行聯合年會，特申
賀忱。

諸位代表身處海外，心繫宗邦，對「三民主義救中
國、共產主義禍中國」必有深切的瞭解與體認，尚望秉
持「國家興亡、匹夫有責」之旨，發揮道德勇氣，凝聚
反共力量，同心同德，再接再厲，以服務團結僑胞，共
同為完成以三民主義統一中國的大業而奮鬥。

敬祝大會圓滿成功，諸君身心愉快。

8 月 31 日　星期日

下午
三時五十分，在大直寓所見沈秘書長昌煥。
五時五十五分，見汪部長道淵。

9月1日　星期一

下午

三時十一分，至總統府介壽堂巡視。

三時廿七分，見沈秘書長昌煥及陳國策顧問雪屏。

四時，接見南非共和國貿易及工業部長德威利。

四時廿四分，見考試院孔院長德成。

四時卅三分，見臺北市許市長水德。

四時四十六分，見教育部李部長煥。

五時五分，見汪部長道淵。

9月2日　星期二

下午

四時五十五分，在大直寓所見馬秘書長樹禮。

9月3日　星期三　九三軍人節

總統對國軍英雄楷模表揚大會頒發書面致詞，期勉國軍官兵要更堅定、更團結、更奮發、以不移信心重建富強國家。

總統曾致電巴拿馬總統德華耶，重申中巴友誼與合作將更增強。

總統關懷碼頭工人生活，指示基隆港務局新任局長鄭本基加強改善勞工生活環境與品質。

國軍英雄楷模表揚大會書面致詞

汪部長、郝總長,並轉當選七十五年英雄楷模全體
同志:

今天是中華民國第三十二屆軍人節,也是抗戰勝
利紀念日。這是我全體國軍袍澤,在先總統蔣公領導
下,憑恃救亡圖存的決心、堅苦卓絕的意志、不屈不
撓的精神,贏得對日抗戰勝利,是國軍無上的光榮與
驕傲。

當此三軍將士共度佳節,及國防部舉行英雄楷模表
揚大會之時,經國除向全軍將士及各位英雄楷模,表示
祝賀之外,並提出幾點期勉。

第一、英雄楷模是終身的榮譽,也是終生的責任:

當選英雄楷模,不僅是本年傑出的表現,更是一生
精神和人格的肯定。西方人有句話說:「英雄不死」,
即是指英雄乃畢生的榮譽。所以如何永保這種榮譽,就
成為今後各位時刻惕勵的責任。「平時帶頭領路做模
範,戰時衝鋒陷陣作先鋒」,這是英雄楷模應盡的責
任,及其永保榮譽所當有的作為。

第二、不移的信心,是勝利的憑藉:

亡共在共,匪偽政權的覆亡是歷史必然的歸趨。然
而,行百里者半九十,在完成以三民主義統一中國任務
之前,我們還有一段艱苦的路要走。先總統蔣公昭示我
們:「堅持就是勝利,奮鬥就是成功。」只要我們信心
堅定,憑藉我們堅忍弘毅的志節,仁者無敵的至理,自
立自強,不憂不懼,就必能肇造新局,為國家的前途,
開創光明的遠景。

第三、要有承先啟後、舍我其誰的氣概：

開國、北伐、剿匪、抗戰，每一頁國民革命的歷史都明白驗證著，我們的先烈、先賢，從來無懼於情勢的艱危，也從來無畏於環境的險惡，義之所在，勇往直前，終能獲得一次又一次的勝利。如何發揚光大這種以先烈之血、主義之花所凝鑄的革命精神，正是我們今日國軍軍魂之所在。

各位同志：我們深信三民主義的真理，必將實現於全國，宏揚於世界，以仁伐暴的反共復國聖戰，必定得到最後的勝利。讓我們更堅定、更團結、更奮發，為光復大陸國土，拯救十億同胞，重建統一、富強的國家，克盡更大的責任。祝各位健康愉快，事業成功。

總統蔣經國
中華民國七十五年九月三日

9月4日　星期四

上午

十時二十六分，在府見郝總長柏村。

十一時十一分，見安全局宋局長心濂。

下午

四時四十二分，在大直寓所見宋主任楚瑜。

9月5日　星期五

下午

六時十一分，在大直寓所見馬秘書長樹禮。

9月6日　星期六

今為史瓦濟蘭王國獨立紀念日，總統特致電該國國王恩史瓦帝三世申賀。

上午

九時十二分，至圓山飯店理髮。

九時五十五分，在府見沈秘書長昌煥。

十時三十二分，見朱部長撫松。

十一時十一分，見汪部長道淵。

十一時十九分，見陳副總長堅高。

下午

四時卅分，在大直寓所見俞院長國華。

9月7日　星期日

總統犒賞馬祖官兵秋節加菜金，前方三軍將士極為感奮。

下午

五時三分，在大直寓所見馬秘書長樹禮。

七時五十一分，見汪部長道淵。

9月8日　星期一

下午

二時四十四分，在府見沈秘書長昌煥。

四時接見南非外交部鮑達夫婦、副執行長馮賀伯夫婦。

四時十七分，見沈秘書長昌煥。

四時二十七分，見哥斯大黎加駐華大使法耶郎。

四時四十二分，見卸任駐沙烏地阿拉伯蔡大使維屏。

四時五十五分，見駐瓜地馬拉陸大使以正。

五時十二分，見汪部長道淵。

9月9日　星期二
上午

九時四十二分，在府見空軍陳總司令燊齡。

九時五十六分，主持軍事會談。

下午

五時二十七分，在大直寓所見秦主任委員孝儀。

9月10日　星期三
上午

八時二十五分，在中央黨部見馬秘書長樹禮。

九時，主持中常會。曾發表談話指出，不怕敵人統戰，只怕自我迷失，並勉全黨同志為團結自強，為克敵制勝，要盡最大努力，不可鬆懈。此外在聽取經濟部李部長報告後，強調今後我們要貫徹三民主義的均富政策，創造更輝煌的明天。同時通過決議文，希望結合政府民間力量，持續增進經濟成長。會中並通過主席交議，派黃麗貞為中央婦女工作會副主任。

十時二十七分，見駐日馬代表紀壯。

十時五十二分，見政策會許副秘書長勝發。

十一時一分，見馬秘書長樹禮。

下午

五時四十六分，在大直寓所見宋主任楚瑜。

八時四十八分，見秦主任委員孝儀。

9 月 11 日　星期四

下午

四時二十二分，在大直寓所見汪部長道淵。

五時十四分，見馬秘書長樹禮。

八時十四分，見沈秘書長昌煥。

9 月 12 日　星期五

下午

四時四十三分，在府見郝總長柏村。

五時十一分，見馬秘書長樹禮。

五時四十四分，見李部長煥。

六時二十一分，見汪部長道淵。

9 月 13 日　星期六

下午

四時十二分，在大直寓所見俞院長國華。

五時，見馬秘書長樹禮。

六時二分，見汪部長道淵。

八時五十八分，見宋主任楚瑜。

9月14日　星期日
下午

四時九分，在大直寓所見沈秘書長昌煥。

五時五十九分，見秦主任委員孝儀。

七時四十一分，見宋主任時選。

9月15日　星期一
今為哥斯大黎加、宏都拉斯、瓜地馬拉與薩爾瓦多共和
國國慶日，總統已分別致電申賀。

下午

三時三十三分，在府見汪部長道淵。

三時五十七分，見國家安全局宋局長心濂。

四時四十一分，見李副總統。

五時六分，見沈秘書長昌煥。

9月16日　星期二
下午

四時，在府接見哥斯大黎加前總統孟赫。

四時十八分，見沈秘書長昌煥。

四時二十九分，見宋主任楚瑜。

四時四十三分，見郝總長柏村。

五時十分，見宋主任楚瑜。

五時十三分，見沈秘書長昌煥。

五時二十三分，見國家安全局宋局長心濂。

9 月 17 日　星期三

上午

八時三十二分，在中央黨部見馬秘書長樹禮。

九時，主持中常會。

十時七分，在府見沈秘書長昌煥。

十時二十五分，接見東加王國國王杜包四世暨王后瑪德雅華。

十一時六分，至榮民總醫院探視嚴前總統。並囑醫護人員妥為照顧。

9 月 18 日　星期四

下午

五時十二分，在大直寓所見秦主任委員孝儀。

七時二十七分，見馬秘書長樹禮。

9 月 19 日　星期五

國策顧問黃仁俊九十華誕，舊金山僑界為其舉行盛大壽宴，總統特贈壽軸以申賀。

下午

五時四十一分，在大直寓所見馬秘書長樹禮。

9 月 20 日　星期六

上午

八時二十九分，在府見汪部長道淵。

八時三十九分至九時五十一分，兩次巡視介壽堂。

九時二十五分，見沈秘書長昌煥。

十時十七分，見沈秘書長昌煥、馬秘書長樹禮。

下午

二時四十分，在大直寓所見秦主任委員孝儀。

四時六分，見俞院長國華。

五時二十一分，見馬秘書長樹禮。

七時五十三分，見汪部長道淵。

9月21日　星期日

下午

四時三十分，在大直寓所見沈秘書長昌煥。

9月22日　星期一

上午

九時十五分，至圓山飯店理髮。

九時五十七分，至總統府巡視介壽堂。

十時十六分，在府見汪部長道淵。

下午

三時十分，在大直寓所見秦主任委員孝儀。

9月23日　星期二

今為沙烏地阿拉伯王國國慶，總統致電該國國王法赫德
申賀。

上午

九時六分，在府見李副總統。

九時二十五分，見軍方調職人員藍中華上校等十二員。

十時二十分，見陸軍官校黃校長耀羽。

十時二十八分，見沈秘書長昌煥。

下午

四時二分，在大直寓所見宋主任楚瑜。

五時二十三分，見馬秘書長樹禮。

新光人壽公司及裕隆汽車公司捐助大學校院國防及重點
科技研究生獎學金，總統特各頒「弼教敦學」匾額一
面，由政務委員李國鼎代表頒發。

9 月 24 日　星期三

上午

八時四十二分，在中央黨部見馬秘書長樹禮。

九時，主持中常會。會中主席轉告了嚴前總統病況已趨
穩定，復健工作進行順利。此外，因關切艾貝颱風救災
事宜，指示臺省府邱主席全力展開復健工作，使民眾儘
速恢復正常生活。常會今作成決議，對參與今年國建會
工作之主協辦單位策劃週詳，備極辛勞，予以嘉勉。

十時一分，見立法院倪院長文亞。

十時二十三分，見臺北市議會張議長建邦，對他全力投
入議會政治，表示嘉勉。

十時四十五分，見馬秘書長樹禮。

下午

八時五十五分，在大直寓所見汪部長道淵。

9月25日　星期四

今為中央研究院院長吳大猷八十大壽，總統特頒贈「碩學遐齡」壽屏祝賀。

下午

三時三十六分，在府見郝總長柏村。

四時四分，見內政部吳部長伯雄。

四時二十一分，見蒙藏委員會吳委員長化鵬。

四時四十三分，見許主任歷農。

五時，見汪部長道淵。

五時九分，見沈秘書長昌煥。

五時十七分，見馬秘書長樹禮。

七時二十三分，在大直寓所見宋主任楚瑜。

八時三十分，見沈秘書長昌煥。

9月26日　星期五

上午

九時五十二分，在府見沈秘書長昌煥。

十時三十二分，見張副秘書長祖詒。

十時五十四分，見馬秘書長樹禮。

9 月 27 日　星期六

上午

九時二十三分，在府見行政院周政務委員宏濤。

九時四十五分，見汪部長道淵。

十時一分，見李部長煥。

十時五分，見本年度考取大學之受刑人鄒興華、洪慶智、韓健文、鄒琦彰、石家正、王少良、陸耀東等七人。

十時二十七分，見黃院長少谷。

十一時三十七分，見政策會趙秘書長自齊。

十一時五十五分，見新聞局張局長京育。

下午

五時一分，在大直寓所見俞院長國華。

八時五十一分，見沈秘書長昌煥。

9 月 28 日　星期日　七十五年教師節

總統特頒書面致詞，期勉教師身教言教並重，培育青年作為力挽狂瀾之中流砥柱。

中央圖書館新館明天啟用，總統特贈仿古花瓶一對，以示祝賀。

菲律賓董楊宗親總會新建宗祠揭幕，總統特頒「敦本報國」匾額慶賀。

下午

四時二十七分，在大直寓所見馬秘書長樹禮。

五時三十八分，赴榮總探視蔣秘書長緯國。

五時四十八分，探視何戰略顧問應欽。

七時五十八分，在大直寓所見宋主任楚瑜。

教師節書面致詞

俞院長、李部長、各位教師同仁：

今天是至聖先師孔子誕辰紀念日，也是中華民國七十五年教師節。政府明訂孔子誕辰為教師節，一方面是要勉勵全國教師，效法孔子「有教無類」的精神，宏揚師道，另一方面也在期勉全國教師負起傳承與發揚中華文化的責任。今日我們以三民主義為反共復國最高指導原則，就是淵源於以仁愛為中心的儒家思想；所以雖然孔子誕生至今已經兩千五百多年，但是他的思想與精神，卻是與時俱進，萬古常新。

中興以人才為本，教育是國家的百年大計；其成敗關鍵，全繫於從事教育工作者是否能盡心盡力、栽之培之、務求智德體群四育之合一，更期身教言教兩者之並重。教師的艱辛處在此，教師的偉大處亦在此。孔子說：「知者不惑，仁者不憂，勇者不懼。」今日舉世思想錯雜、意識紛歧，在此世局充滿著危疑震撼的時代，我們切望培育出不惑、不憂、不懼的中國青年，作為力挽狂瀾的中流砥柱。怎樣纔能「不惑」？就是要建立三民主義的中心思想。怎樣纔能「不憂」？就是要建立反共復國必勝必成的信心。怎樣纔能「不懼」？就是要建

立基於正義而產生的道德勇氣。如果我們中國青年都能養成不惑、不憂、不懼的精神與氣概,則不論處境如何艱危困阻,我們必能突破障礙,達成以三民主義統一中國的目標。

各位老師為國育才,終年辛勞,此種犧牲奉獻、不恢不求的精神令人至為感佩。欣逢教師節,本人特向全國的教師們賀節,並表達誠摯的謝意和敬意。

最後敬祝各位身體健康,佳節愉快!

總統蔣經國

9月 29 日　星期一

上午

十時五分,在大直寓所見秦主任委員孝儀。

十時四十三分,見馬秘書長樹禮。

十一時二十一分,見國家安全局宋局長心濂。

下午

一時六分,見郝總長柏村。

三時,在府見汪部長道淵。

三時三十分,見俞院長國華。

三時五十二分,舉行座談,參加人員為俞國華、沈昌煥、馬樹禮、倪文亞、黃少谷、袁守謙、汪道淵、李煥、郝柏村等九人。

五時四十六分,見沈秘書長昌煥。

八時五十分,在大直寓所見馬秘書長樹禮。

9月30日　星期二

故陸軍一級上將周至柔將軍喪禮今日舉行，總統特頒
「勳猷並懋」輓額悼念。並派參軍長汪敬煦代表致祭。

下午

在府見汪道淵、郝柏村、陳守山、宋心濂、羅張、周仲
南、翁文維。

五時二十六分，見李副總統。

五時五十三分，見沈秘書長昌煥。

八時四十七分，在大直寓所見宋主任楚瑜。

10月1日 星期三
上午

八時四十五分,在中央黨部見馬秘書長樹禮。

九時,主持中常會。

下午

四時五十五分,至榮總牙科門診。

八時五十八分,在大直寓所見宋主任楚瑜。

10月2日 星期四
上午

十一時五分,在大直寓所見馬秘書長樹禮。

下午

二時四十一分,在大直寓所見汪部長道淵。

五時四十六分,見李部長煥。

八時四十四分,見馬秘書長樹禮。

10月3日 星期五
下午

二時四十一分,在大直寓所見馬秘書長樹禮。

三時五十二分,在府見郝總長柏村。

四時二十七分,見沈秘書長昌煥。

四時三十分,接見美國傳統基金會總裁佛納、亞洲研究中心顧問小組主席艾倫、理事主席戴維斯、副理事主席克瑞柏、會員布朗及羅易。

四時四十六分，見美國公民協會主席勒曼夫婦。

五時十九分，見沈秘書長昌煥。

八時四十分，在大直寓所見宋主任楚瑜。

10 月 4 日　星期六
下午

三時二十九分，在大直寓所見俞院長國華。

四時四十九分，見馬秘書長樹禮。

八時四十五分，見宋主任楚瑜。

10 月 5 日　星期日
下午

三時十七分，在大直寓所見沈秘書長昌煥。

四時五十分，見馬秘書長樹禮。

五時二十七分，見汪部長道淵。

10 月 6 日　星期一
下午

八時三十二分，在大直寓所見馬秘書長樹禮。

10 月 7 日　星期二
下午

二時五十五分，至圓山飯店理髮。

三時五十二分，在府見沈秘書長昌煥。

四時，接見美國華盛頓郵報暨新聞週刊董事長葛蘭姆女士、郵報總主筆戈林菲、新聞週刊執行總編輯艾金克。

五時一分，接見前美軍顧問團長戚烈拉夫婦。

五時十四分，見沈秘書長昌煥。

五時四十分，見李副總統。

八時四十二分，在大直寓所見秦主任委員孝儀。

10 月 8 日　星期三

上午

八時三十五分，在中央黨部見馬秘書長樹禮。

九時，主持中常會。會中發表談話，期勉同志在國家遭
逢艱難時，必須冷靜、堅定、沉著，把持國家既定計
畫，朝國家既定目標努力，不獲勝利，絕不終止。此外
聽取了省府邱主席所提韋恩、艾貝颱風善後措施報告
後，指示加強預警工作，以減少民眾災害的損失。會中
對臺省搶救災害快捷有效，決議嘉勉。

十時四十六分，見馬秘書長樹禮。

下午

五時，在大直寓所見宋主任楚瑜。

中常會談話

近十多年來國家及本黨遭逢許多艱難、困苦，但
是由於同志們的團結及對黨的忠誠，全力執行黨的決
策，終能克服萬難，使國家及黨得以繼續發展、進
步、壯大。

今天國家所面臨的局面，是非常的。世事在變，局
勢在變，潮流也在變。但我們必須堅信的是，我們的主

義、政策、黨綱、以及總裁所訂定的反共復國基本國
策，是絕對正確的。

　　經國自己深感責任重大，相信每一位同志對於自己
的責任都有同感。但是，外來的壓力越大，我們內部越
要團結。今天所值得安慰的，即是全體同志的精誠團
結、與對國家與黨的赤忱擁戴。

　　然而環顧今日國內外的環境，我們要求突破困
難，再創新局，就必須在觀念上及作法上作必要的檢
討與研究。

　　本黨自建黨以來，無時不在為維護民主憲政而努力
不懈。忍辱負重，堅忍圖成，保證我們獲得最後勝利
的，是總裁所定的方針。我們要把握自己的主張、立場
及政策，為求得勝利而奮力前進。但另一方面，也要適
應每一時期我們所處的環境。從開國、北伐、抗戰、剿
匪以至於今，我們都是抱持著此一態度。

　　這些年來，本黨遭逢敵人不斷的詆毀與誣衊，而敵
人的目的即是企圖激怒我們，打擊我們，但是我們不能
盲目衝動，意氣用事。因為意氣或衝動都極容易使得自
己失去理智而遭到挫敗。歷史上有很多此類的例子。小
不忍則亂大謀，不可不慎。

　　當敵人無法以武力得逞時，即改用政治、心理等其
他計謀，企圖分化我們，瓦解我們。中共即無時無刻不
在以威脅、利誘、滲透等統戰伎倆妄圖消滅我們。但
是，我們堅持基本國策，堅守基本立場。鎮定、理智、
勇敢的面對任何挑戰，既不為所惑，亦不為所動。

　　在國家力求進步，全面發展之時，全黨同志都承擔

著國家與黨賦予的重大責任，為了國家的前途，為了最後目標的達成，我們要堅強的奮鬥下去，不獲勝利，絕不終止。

本黨三中全會以來，我們為更求進步，已對充實中央民意代表機構、地方自治法制化、國家安全法令、民間社團組織制度、社會風氣與治安以及黨的中心任務等重要議題，積極著手研究討論。相信必將獲得適合國家當前實際需要的結果，為國家與黨帶來更光輝的前途。

經國以為任何外來的挑戰，都不足懼，最要緊的是我們內部要團結。經國時刻不忘者，也是如何健全本黨的組織。因此加強團結，鞏固黨的基礎，將是我們今後努力的重點。

或許有人認為，政府在處理某些問題上顯得軟弱，但是為了達成國家更大目標，我們不能輕重倒置，因小失大。經國與大家共患難，同甘苦，深深體會到，在國家與黨遭逢艱難時，我們需要的是冷靜、堅定、沉著，把持國家既定計畫，朝國家既定目標努力。經國認為沒有目標，沒有理想，沒有志氣，不顧對國對黨的責任，才是真正軟弱。

個人的生死毀譽並不足惜，重要的是國家、民族的命脈，有賴我們大家繼續傳承。總理、總裁及革命先烈們留給我們的國家、黨、主義，我們必須要誓死確保、奉行、並發揚光大。讓我們再一次奮起，從民主憲政、國家經濟、社會安寧、民眾福祉以及黨務革新等各方面繼續積極的、穩健的，朝國家總目標邁進，以贏得最後的勝利。

10月9日　星期四

下午

四時三十八分，在大直寓所見汪部長道淵。

八時二十七分，見馬秘書長樹禮。

10月10日　星期五　我國七十五年國慶

總統特發表國慶祝詞，期勉同胞齊足立正，向自己的國家敬禮，攜手連心，為自己的國家效忠。

上午

九時，主持中樞國慶典禮。

九時二十八分，接受駐華使節及訪華外賓觀賀。

九時四十二分，接見沈秘書長昌煥。

十時二十五分，蒞臨國慶大會發表談話，勉勵國人團結一致，奮鬥到底，一定能在我們手裡光復大陸。

十一時，往石牌榮民總醫院探望復健中的嚴前總統家淦。

下午

六時，在大直寓所見俞院長國華。

七時四十八分，見秦主任委員孝儀。

國慶祝詞

親愛的父老兄弟姊妹們：

　　雙十國慶這一偉大光輝的日子，為我中華民族創造了新的生命，凝聚了新的力量，也給歷史展開了燦爛

的新頁。炎黃兒女，都因這一歡欣日子的熱烈鼓舞，淬礪奮發，繼往開來，為振興中華獻身，放射青天白日的光芒。

七十五年前辛亥革命的成功，建立了東亞第一個民主共和國，從此改變了中國在國際社會中的地位，也轉移了國際形勢的重心。國父曾經闡釋中華民國國民的天職，乃在促進世界的和平，並指出：「促進世界和平，即是中華民國前途之目的。依此目的而進行，即是鞏固中華民國之基礎。」本此莊嚴宣示，確立了我們對國際事務的基本立場，積極提倡國際正義，為確保世界和平而努力。

本世紀歷經二次世界大戰，繼之赤禍氾濫，中華民國飽嘗憂患，至今大陸同胞仍受共匪暴政的殘害。但不論世變如何艱險，我們始終堅守民主陣營，也始終堅信，只要穩固自由民主的基礎，必能克服橫逆，戰勝敵人。因之，我們依照三民主義的理想，致力復興基地的建設，終極目標便是以自由民主統一中國，為亞洲與世界和平奠立永基。

由於我海內外同胞精誠團結，堅強奮鬥，已使我們從建設成果中重建了中國人的自信自尊，肯定了自我價值。我們一直自己期許，並且一直在力行，要在世人眼光中，對中華民國有正確的認識，認識中華民國是這樣的一個國家：

是自強不息的英勇鬥士——儘管逆流險浪不斷衝擊，但我國人都能堅忍弘毅，迎接挑戰，以不屈不撓的意志、不成不止的決心，面對困難，突破障礙。我們深

知，唯有自助，方能自立，而能自強。在建國救國大業
中，我們全民都是戰士，也都是勇士。

是為理想力行不懈的健者——我們以擁有「仁愛」
精神的中華文化為榮，以傳承文化薪火為職志，從這文
化道統中來實踐我們以民為本的政治理想，鍥而不捨，
矢志不渝。並以這份執著，貫徹天下為公、進世界於大
同的崇高信念。

是講信修睦的忠實盟友——本於平等基礎，依互惠
原則，採正大光明的態度，堅持公理，尊重條約，盡應
盡義務，享應享權利，在世局紛擾中，不改我們守信重
諾、敦睦邦誼的誠意，來為國際社會作建設性的貢獻。

是開發中國家成功的楷模——把握了「民生為歷史
重心」的要領，一切以國民福祉為先，用理性、溫和、
漸進的改革，調和大眾利益，我們成功地建造了安和樂
利、欣欣向榮的社會，由低度開發走向高度開發國家，
為其他開發中國家提供了實際範例與服務。

是決不妥協的反共堡壘——共產主義毒素給人類的
禍害，共黨侵略給世界和平構成的威脅，我們知之最
深，也受害最深。我們用血淚寫成的反共史實告訴世
人，自由民主與共產極權絕對不能並存，為中國，也為
世界的前途，我們反共到底的立場決不改變，直到反共
戰爭的最後勝利。

先總統蔣公曾說：「國家之興，全在同心同德。」
又說：「國家的強盛，就在於優秀國民的共同奮鬥。」
親愛的父老兄弟姊妹們，我們都是這一可愛國家的國
民，讓我們齊足立正，向自己的國家敬禮，攜手連心，

為自己的國家效忠。也讓我們同聲歡呼：
三民主義萬歲！中華民國萬歲！

國慶大會談話

親愛的父老兄弟姊妹們，以及海外歸國的僑胞們：

今天是我們中華民國七十五年國慶，我們以反共必勝、建國必成的信心，歡欣鼓舞地慶祝這一個偉大的日子。我們共同的奮鬥目標，就是要光復大陸，我們堅決相信大陸一定能夠在我們手裡光復。

今天我們更需團結一致，萬眾一心，把三民主義的精神——大公無私、忠孝仁愛、信義和平的中華民族基本精神——發揚光大，來達到我們勝利成功的目的。

今天我們除了要達成光復大陸這一偉大的目標以外，面對著當前的困難，我們要更團結、更堅強、更積極努力，以贏得我們最後的勝利。

我們這一代的任務，也就是我們所肩負的重責大任，就是今天在臺澎金馬的中國人，要向全世界的人保證、要向大陸十億同胞保證，我們一定會團結一致，奮鬥到底，使我大陸十億同胞都能夠早日重享三民主義的自由生活。

同胞們，我們要不屈不撓，奮勇前進。我們有這個信心，也有這個決心，一定可以獲致我們最後的成功。這樣我們才能對歷史、對國家、對十億同胞、對全體華僑都有一個交代，我們確信必定會有這一個交代。

最後讓我們萬眾一心，齊聲高呼：三民主義萬歲！中華民國萬歲！萬歲！萬萬歲！

謝謝大家，祝大家健康。

10 月 11 日　星期六
下午

五時三十五分，在大直寓所見宋主任楚瑜。

八時十六分，見汪部長道淵。

10 月 12 日　星期日

總統日前接受美國華盛頓郵報董事長等人訪問時表示我
國將儘早解除戒嚴令，以推展民主制度，經美國新聞週
刊等報刊出後，獲得美國和西歐國家一致的讚揚。

下午

三時三十八分，在大直寓所見沈秘書長昌煥。

五時五十八分，見馬秘書長樹禮。

新聞周刊問答全文

問：可否請閣下證實您準備解除戒嚴令的報導？

答：我們一向以促進民主為職志，可是由於（中共）入
　　侵的威脅，我們對人民的自由作了某些限制。雖然
　　如此，（除國民黨外），仍有另外兩個政黨和一些
　　（無黨籍）人士參加選舉。現在我們正在研究使政
　　治團體制度化與合法化。（今年四月）我們成立了
　　一個十二人小組，來研究終止緊急命令及可能組成
　　政治團體的提議。

問：據說新的國家安全法將取代通稱戒嚴令的緊急命

令，兩者有何具體差異？

答：過去，在實施緊急命令的時候，非軍人觸犯某些罪行，將受軍法審判。在緊急命令取消之後，非軍人不再受軍事法庭管轄，對個人自由的某些限制也會取消。在戒嚴令之下，某些犯罪將受嚴厲的處罰，而這些犯罪的性質規定得不夠明確。研訂中的國家安全法中，將就這些犯罪作較明確的規定，同時刑罰會比較寬大。

問：這項措施需要多久才會實施？

答：我們希望儘快。行政院（政府的行政部門）不久就會提出議案。但是立法院要多少時間才能通過很難預料。就像貴國國會一樣，這必須經過辯論。

問：這些安全措施原係針對中共入侵的威脅而制訂，是否因閣下認為中共已放棄以武力奪取臺灣的意圖，所以才要予以終止？

答：不，他們沒有放棄侵犯我們或併吞我們的野心，終止緊急命令是為了促進此地的民主進程。我們必須作為十億中國人希望的燈塔，他們才會願意效法我們的政治制度。

問：中共領導人鄧小平一直在中國大陸進行經濟與政治改革，請問這些改革是否會導致中共採取一種接近於中華民國的制度？

答：我不認為這是可能的。中國大陸是有某些轉變，不過，這些改變主要都是表面上的。舉一棵樹為例，鄧小平修剪了樹枝，但是樹根卻還是一樣。中共有兩個基本原則，一是不允許私有財產，（二是進

行國際革命運動）。除非他們恢復中國人固有的原
則，中國大陸將不會有真正的改變。

問：新的立法對於組織新黨會有什麼規定？

答：我們現在正在積極研究這個問題，預料很快就有結
果。我們向來都理解人民有集會及組織政治團體的
權利。不過，他們必須承認憲法，並且認同根據
憲法所制訂的國家體制。新政黨必須是反共的。
他們不得從事任何分離運動——我所指的是「臺
獨」運動。如果他們符合這些要求，我們將容許
成立新黨。

問：您認為反對黨會構成政治上的挑戰嗎？

答：我不認為它是一種挑戰。它只是政治過程中的一種
現象。

問：您認為最近宣佈成立的「民主進步黨」符合這三項
要求嗎？

答：他們還沒有表明他們組織的所謂「政黨」的理念，
因此，我們現在無法判斷。我是從報紙上知道「組
黨」的消息。有些人認為他們沒有國家民族觀念
（我們的國家應包括全中國，而不只是臺灣）。他
們在「組黨宣言」中從未提到國家名稱。他們在
「黨綱」中也沒有提到任何反共的政策。

問：您認為政治自由化單靠您一個人嗎？如果您不復在
職時，軍權會不會因此擴張？

答：絕對不會。我去年指出，我們絕不會採取軍事
統治。

10 月 13 日　星期一
下午

三時五十分，在府見海軍劉總司令和謙。

四時十三分，見空軍陳總司令燊齡。

四時三十八分，見聯勤溫總司令哈熊。

四時五十一分，見警備陳總司令守山。

五時三十八分，至榮民總醫院牙科門診。

八時三十分，在大直寓所見馬秘書長樹禮。

10 月 14 日　星期二

今天參謀總長郝柏村上將前往屏東榮民之家訪問，向榮民兄弟轉達總統關懷的德意。

下午

四時四十三分，在大直寓所見沈秘書長昌煥。

10 月 15 日　星期三
上午

八時四十二分，在中央黨部見馬秘書長樹禮。

九時，主持中常會。主席在常會一致通過「動員戡亂時期國家安全法令」及「動員戡亂時期民間社團組織」兩項政治革新議題結論後，發表談話表示，這次重大革新措施通過後，本黨今後的工作面臨了一個新的開始，要求全體同志本著開闊無私胸襟，努力協調，促進溝通，使民主憲政更臻理想。

十時二十五分，見馬秘書長樹禮。

十時三十分，同時約見宋時選、關中、陳金讓、吳挽瀾。

十一時三十七分，見馬秘書長樹禮。

下午

六時四十三分，在大直寓所見宋主任楚瑜。

八時，見汪部長道淵。

10月16日　星期四

下午

八時三分，在大直寓所見郝總長柏村。

10月17日　星期五

總統今致函李澤藩先生、對其次子李遠哲榮獲諾貝爾化學獎表示道賀之意，並致贈先總統蔣公百年誕辰紀念幣一套，以賀李澤藩八秩壽辰。（同時致函李遠哲本人表示祝賀之意。）

下午

三時，至圓山飯店理髮。

三時五十分，在府作臺灣光復節談話及農曆丙寅年除夕講話錄影。

四時十九分，見宋主任楚瑜。

四時三十四分，見沈秘書長昌煥。

四時五十八分，見馬秘書長樹禮。

致李澤藩函

澤藩先生道鑒：

　　欣聞令郎遠哲院士榮獲本年諾貝爾化學獎，佳訊傳來，國人均引為榮。遠哲院士務實認真，堅毅勵志，殊獎之獲，誠屬實至名歸，而先生之庭訓，同以彰顯也。今歲先生八十華誕，松柏青茂，蘭桂崢嶸，正宜雙慶。特函馳賀，順頌儷荈。

蔣經國敬啟
中華民國七十五年十月十七日

致李遠哲函

遠哲院士惠鑒：

　　欣悉榮獲本年諾貝爾化學獎殊譽，國人同引為榮。此不僅為台端個人治學成就之非凡紀錄，足以楷模後進，亦為我國學術界增加一大鼓舞力量，並與台端近年協助國內科學發展之貢獻，相互輝映。特函申致欽佩忭賀之忱。並祝潭祺。

蔣經國敬啟
中華民國七十五年十月十七日

10月18日　星期六

下午

四時十分，在大直寓所見俞院長國華。

五時二十五分，見宋主任楚瑜。

五時五十七分，見馬秘書長樹禮。

金門女青年顏毓萍明天在臺結婚，總統特致贈先總統蔣

公百年誕辰紀念幣一套與喜幛一幅作為賀禮。

10月19日　星期日
下午
三時五十一分，偕夫人至士林官邸巡視。

10月20日　星期一
故陸軍二級上將石覺今日出殯，總統特頒「勳猷著績」
輓額悼念，並指派參軍長汪敬煦代表前往致祭。

下午
七時五十六分，在大直寓所見汪部長道淵。

10月21日　星期二　第卅四屆華僑節
總統特頒賀詞，期勉海內外同胞共同努力，達成以三民
主義統一中國的神聖使命，使全國同胞共享自由民主、
安和樂利的幸福生活。

明日為教宗若望保祿二世就職八週年紀念日，總統特致
電申賀。

下午
四時三十五分，在大直寓所見馬秘書長樹禮。

第三十四屆華僑節書面賀詞
第三十四屆華僑節慶祝大會並轉全體僑胞公鑒：

　　欣逢第三十四屆華僑節，海外各地僑胞，都在歡欣

鼓舞慶祝這個佳節。各位遠從世界各地回國參與盛典，以行動表達了心向祖國的赤誠，亦發揚了華僑愛國救國的革命節操，經國對我全體僑胞在革命建國過程中所作的奉獻，敬表由衷的佩慰。

三十餘年來，復興基地在海內外全體軍民同胞共同努力下，快速進步發展，各項建設均有可觀的成就，已使中華民國實行三民主義的成功經驗，在世人心目中留下深刻的印象，亦成為大陸同胞希望之所在。

年來中共加強統戰，謀我益亟，不但在國際間施展其「一國兩制」的詭計，也在僑界製造各種混淆視聽的假象，均賴我全球僑胞深明大義，矢志精忠，使其陰謀無法得逞。相信在海內外全體同胞共同努力之下，我們必能達成以三民主義統一中國的神聖使命，使全國同胞共享自由民主、安和樂利的幸福生活。

欣逢佳節，敬祝各位健康愉快，大會圓滿成功。

總統蔣經國

10 月 22 日　星期三

上午

八時四十分，在中央黨部見馬秘書長樹禮。

八時五十分，見國科會陳主任委員履安。

九時，主持中常會。

下午

五時三分，在大直寓所見沈秘書長昌煥。

10 月 23 日　星期四

下午

二時五十分，至圓山飯店理髮。

三時四十五分，在府見李副總統。

四時，頒勳沙烏地阿拉伯親王紹武德。

四時十六分，接見印尼工業部長哈達托。

四時三十一分，接見美國眾議員應格里士夫婦。

四時五十二分，至中正紀念堂巡視。

六時十一分，在大直寓所見宋主任楚瑜。

七時五十七分，見馬秘書長樹禮。

10 月 24 日　星期五

明為臺灣光復四十一週年紀念日，總統特於今日在電視
及廣播中發表談話，勗勉國人重視務本務實，實現理想
目標。並將臺灣光復和復興基地建設的經驗發揚光大，
讓所有中國人為今天這個節日驕傲，並且一同分享幸福
快樂。

今日分別致函臺灣省主席邱創煥、臺北市長許水德、高
雄市長蘇南成祝賀臺灣光復四十一週年，嘉佩其主持省
市政的績效，並請他們代向同胞們轉達祝福之忱。

下午

五時十五分，在大直寓所見李部長煥。

五時五十三分，見汪部長道淵。

九時三十分，見宋主任楚瑜。

光復節前夕談話

親愛的父老兄弟姊妹們：

大家好！明天是臺灣光復節的四十一週年，每當想起，為了光復臺灣，全國軍民同胞所付出的犧牲奮鬥，光復以後積極各項建設所付出的心血，以及今天在此復興基地為重光大陸所作的種種努力，深深覺得，這段歷史關係中國的前途和命運太大，太重要了，臺灣光復節的意義，對每個中國人都是無比的深刻。

近年國際間許多朋友和大眾傳播報導，往往盛讚中華民國在臺灣各方面進步的快速，對我們政治、經濟、社會的安和樂利，感到驚異。這是我們全體同胞辛勤耕耘得來的收穫，值得欣慰，更值得珍惜，我想中華民族性格中有很多傳統美德，例如：堅忍、耐勞、勤奮、淳樸等等，不過經國認為在當前國家處境，為了發展得更好，有兩種修養，我們全體國民應予格外重視：

一是「務本」，也就是要確立根本，鞏固根本，一切作為都要為根本著想。我們要維護的根本是什麼？是國家安全、社會安寧、經濟繁榮、民生安定。任何事情，如果捨本逐末，甚至忘了本源，我們便將失去所有。「本立而道生」，才是我們生存發展的根本之道。

一是「務實」，也就是要誠實平實，實事求是，腳踏實地，一步一個腳印，絕不好高騖遠，不自欺，不張狂，不打如意算盤。唯有實實在在，認清現實，把握實際，才能實現理想目標。

親愛的同胞們，臺灣光復和復興基地建設的過程，是一段珍貴的經驗，相信我們一定可以把這段經驗發揚

光大，讓所有中國人為今天這個節日驕傲，並且一同分
享幸福快樂。

致邱創煥、許水德函

　　茲逢臺灣光復四十一週年，欣見以三民主義建設
的復興基地，日益精實壯大，彌足忭慰。吾兄主持省
（市）政，竭盡智慮，不辭辛勞，於提昇行政效率，推
展地方建設，促進全民團結，共策中興大業，著有績
效，至為嘉佩。有關光復節各項集會，以事不克參加，
尚請代向全省（市）同胞轉達祝福之忱。

10月25日　星期六

今年臺灣區運動會今天揭幕，總統特頒贈「團結致勝」
鏡屏一幅，作為區運的團體總錦標。

下午
三時二十七分，在大直寓所見郝總長柏村。
六時三十七分，偕夫人同至松山軍用機場迎接先總統
夫人。
七時十五分，送先總統夫人至士林官邸，至七時三十四
分始返大直寓所。

10月26日　星期日

下午
四時三十三分，至士林官邸。
七時五十八分，在大直寓所見俞院長國華。

八時三十五分，見振興醫院鄧院長述微。

10 月 27 日　星期一
總統今復函教宗若望保祿二世對他呼籲基督教及其他各宗教祈禱停火一事表示全力支持。

「蔣中正先生與現代中國學術研討會」今日揭幕，總統特頒書面致詞，期勉參與會議的中外學者，以求真求實的精神，客觀公正的態度，對先總統的思想、行誼及對世界人類的貢獻，作多方面的探討。

中國童子軍第六次全國大露營，今在臺南舉行，總統特頒書面訓詞，勉勵與會代表，努力充實自己，貢獻國家，為創造美好的明天而努力。

下午
三時三十五分，在府見沈秘書長昌煥。
四時三分，見憲兵周司令仲南。
四時二十分，見警政署羅署長張。
四時三十七分，見退輔會鄭主任委員為元。
五時三分，見張副秘書長祖詒。
五時三十六分，見朱部長撫松。

復教宗若望保祿二世函
　　欣奉聖座本年十月四日所作基督教及其他各宗教和平祈禱呼籲全文。

中華民國政府暨人民對聖座為世界和平所作持續不
斷之努力，深表敬佩。

對於聖座之崇高呼籲，中華民國政府及人民願以
誠摯熱忱全力支持，俾其實現吾人維護世界和平之共
同理想。

中華民國總統　蔣經國

「蔣中正先生與現代中國學術研討會」
書面致詞

諸位先生、諸位女士：

值茲我中華民國全國同胞正以濃厚的民族感情，熱
烈紀念先總統蔣公百年誕辰之際，諸位素負學術重望的
學者專家，自世界各地惠臨臺北，參加「蔣中正先生與
現代中國學術研討會」，經國在此表示由衷的歡迎與感
謝之忱。

我國父孫中山先生，以三民主義的理論，領導國民
革命，復以天下為公的大義，啟導國民，建設中華民
國，開啟了中國近代歷史的新紀元。先總統蔣公秉承國
父崇高的志業與理想，為爭取中華民國的獨立、自由、
平等與富強而奮鬥，一身繫天下之安危，高瞻遠矚，經
緯萬端，對近代中國的建設與發展，影響至深且鉅。諸
位今日集會臺北，以求真求實的精神，客觀公正的態
度，對先總統之思想、行誼及對世界人類之貢獻，作多
方面的探討，不惟可以啟迪當代，尤將裨益千秋後世，
吾人實寄以高度的期望。

諸位先生、諸位女士，在中國悠久的文化傳統中，

儒家首辨義利，法家先論是非，歷史學家則必究真偽。目前中華民國處境雖然艱難，但我們已從艱苦奮鬥中，建設了三民主義富強康樂的基地，因此不論是辨義利、論是非、究真偽，我們中華民國都是海內外十億中國人所共同仰望的聖火明燈。至盼各位先生女士深入研討，悉心體察，一定能獲得公正而豐碩的成果。

敬祝大會圓滿成功，各位健康愉快。

中國童子軍第六次全國大露營書面訓詞

李理事長、全體服務員暨與會的童子軍：

中國童子軍總會為紀念先總統兼會長蔣公百年誕辰，暨中國童子軍創始七十五年，舉辦第六次全國大露營，並有來自海內外的童子軍一萬三千多人參與盛會，充分表達了對先總統蔣公的崇敬與追思，本人在此表示由衷的歡迎。

童子軍是世界性的組織，其目標在培養健全的公民，共同為促進世界和平與人類幸福而奮鬥。先總統蔣公對童子軍運動非常重視，曾親自訂定「童子軍十二守則」，並親書童子軍六大信條，奠定了童子軍運動在我國蓬勃發展的基礎。

今天我們海內外的童軍代表，以大露營活動來紀念曾任中國童子軍總會長的先總統蔣公百年誕辰，意義至為重大。而更重要的是，人人恪遵蔣公遺訓，切實實踐童子軍誓詞、規律、銘言和信條，努力充實自己，成為智仁勇兼備的青少年，以備日後能服務社會，貢獻國家，為創造更美好的明天而努力。

　　敬祝各位身體健康，大露營圓滿成功。

10月28日　星期二
下午

五時二十九分，偕夫人同至中正機場迎接俞揚和伉儷返
國，並同車返回寓所。

八時三十分，在大直寓所見馬秘書長樹禮。

10月29日　星期三
上午

八時三十六分，在中央黨部見馬秘書長樹禮。

八時四十八分，見郝總長柏村。

九時，主持中常會。會中主席曾指示行政院從政同志對
「國家安全法」及「人民團體組織法」與「選舉罷免
法」的研擬與修正草案，應儘速進行，使早日完成立法
程序，為我國實施民主憲政開創新局。此外，主席並指
出行政院擬議設置「國立中正大學」，確有必要，應予
支持。

十時四分，見馬秘書長樹禮、宋主任時選、臺灣省黨部
關主委中、臺北市黨部陳主委金讓、高雄市黨部吳主委
挽瀾。

下午

四時三十二分，在大直寓所見汪部長道淵。

七時二十五分，見宋主任楚瑜。

10 月 30 日　星期四

上午

九時十三分，往士林官邸。

九時三十二分，陪同先總統夫人同往慈湖舉行家祭並
謁陵。

下午

四時五十五分，在大直寓所見宋主任時選。

10 月 31 日　星期五

上午

九時十六分，往士林官邸。

九時四十五分，陪同先總統夫人至中正紀念堂參加先總
統蔣公百年誕辰紀念大會。

下午

四時三十九分，在大直寓所見秦主任委員孝儀。

七時二十五分，偕夫人同至士林官邸參加家宴。

11月1日　星期六

今為我國第十四屆商人節，總統特題頒賀詞祝賀。

下午

二時五十五分，在府見沈秘書長昌煥。

四時，接見韓國國政諮問委員丁一權夫婦、前駐華大使金信、濟川銀行董事長金鳳鶴、及駐華大使金相台。

四時十八分，接見烏拉圭前總統白特朗。

四時三十二分，接見日華關係議員懇談會副會長藤尾正行、武村正義等二人。

四時五十分，見華僑代表于懷仁及青年代表周達偉。

五時二分，接見美國美中經濟協會主席大衛甘迺迪。

11月2日　星期日

下午

四時卅分，在大直寓所見俞院長國華。

六時七分，見汪部長道淵。

11月3日　星期一

今為多米尼克國慶日，總統特致電多國總統格挪雷申賀。

今為巴拿馬共和國國慶日，總統特致電巴國總統德華耶申賀。

今為巴拉圭共和國總統史托斯納爾將軍七十四歲華誕，

總統特致電申賀。

下午

四時四十二分，在大直寓所見馬秘書長樹禮。

11 月 4 日　星期二

八時十六分，至圓山飯店理髮。

九時三分，在府見警總陳總司令守山。

九時三十分，見郝總長柏村。

九時五十三分，見聯勤溫總司令哈熊。

十時，主持軍事會談。

十一時廿三分，見沈秘書長昌煥。

十一時廿五分，見國際獅子會世界總會長艾更生。

十一時三十五分，見安全局宋局長心濂。

下午

四時五十七分，在大直寓所見李部長煥。

11 月 5 日　星期三

上午

八時二十九分，在中央黨部見馬秘書長樹禮。

八時四十九分，見臺省府邱主席創煥。

九時，主持中常會。

九時五十八分，見中央委員陳裕清先生。

十時十一分，見省黨部關主委中。

十時三十分，見馬秘書長樹禮。

下午

三時三十一分，在大直寓所見宋主任楚瑜。

五時十二分，見沈秘書長昌煥。

11月6日　星期四

經濟部故次長吳梅村之喪，今日舉行公祭，總統特頒
「藎勞堪念」輓額悼念。

下午

四時四十一分，在大直寓所見馬秘書長樹禮。

五時五十分，見汪部長道淵。

11月7日　星期五

下午

四時三十分，在大直寓所見秦主任委員孝儀。

八時五十八分，見宋主任楚瑜。

11月8日　星期六

陸海空軍軍官學校、政治作戰學校七十五年班畢業典
禮，今在復興崗舉行，總統特以「團結奮鬥、復興中
華」為題，頒發書面致詞，訓勉應屆畢業同學。

下午

四時，在大直寓所見俞院長國華。

五時廿九分，見馬秘書長樹禮。

陸海空軍軍官學校、政治作戰學校七十五年班畢業典禮書面致詞

各位同學：

今天是陸海空三軍官校和政戰學校聯合畢業典禮，經國首先向各位應屆畢業的同學道賀，恭喜各位完成四年文武合一的革命教育，成為一個現代的國軍軍官；同時，更對培育如此優秀子弟的家長，以及辛勤教誨、為國育材的教職官們，表示感謝和欽佩。

今年是先總統蔣公百年誕辰，民國十三年先總統蔣公奉國父之命，創建軍官學校於廣州的黃埔，爾後由黃埔師生的成軍，才有國民革命軍的建立。所以，今天國軍各軍事學校都是黃埔一脈相傳，國軍官兵都是國民革命軍之父──先總統蔣公的子弟。在各位畢業之時，經國願以「團結奮鬥、復興中華」為題，提出下列幾點意見，與大家共勉。

第一、毋忘國父黃埔建校的期望：國父當年在黃埔建校開學典禮上，曾殷切的期勉黃埔師生：「今天在此地開辦這個軍官學校，獨一無二的希望，就是創造革命軍，來挽救國家的危亡。」我們的軍官學校，不僅是要造就現代的軍官，更重要的是培養承擔救國救民、實現三民主義的忠貞革命幹部。六十多年來，黃埔的先烈先進，在先總統蔣公的感召之下，秉承國父的期許，冒險犯難，犧牲奮鬥，寫下了光輝燦爛的革命史頁。我相信各位同學，必能踵武前賢，體認國父當年創建黃埔軍校的殷切期許，做一個創造革命歷史的黃埔傳人。

第二、實踐親愛精誠的黃埔校訓：今天我們在此舉

行聯合畢業典禮，就是將三軍四校同學的思想、精神與情感，凝結為一體，發揮親愛精誠、肝膽相照的革命情感和力量，並且把這種團結合作的精神帶到部隊，在生活、工作、戰鬥中實踐，使國軍部隊單位與單位之間，官兵與官兵之間，相親相愛，精誠合作，確實作到三軍一家，如兄如弟；三軍一體，如手如足；使國軍成為團結、鞏固的鋼鐵勁旅，必能發揮以寡擊眾，無敵不克的革命戰力，達成國家交付的艱鉅使命。

第三、發揚犧牲、團結、負責的黃埔精神：親愛精誠、肝膽相照，就是團結；以國家興亡為己任，就是負責；置個人死生於度外，就是犧牲；至盼每一位軍校的同學，都應該立定為國家奉獻犧牲的宏願，實踐犧牲、團結、負責的黃埔精神，在革命的道路上，披荊斬棘、戰勝艱難，為勝利成功奮鬥邁進。

第四、創造更光輝的黃埔歷史：一部中國的現代史，和黃埔志士的奮鬥息息相關，各位的前期學長們，曾經寫下了東征、北伐、剿匪、抗戰，光耀千秋的史蹟，今後國民革命的重責大任，更需要各位同學的承擔來完成。我深信只要大家憑恃堅定不移的信心，承繼黃埔優良光榮的傳統，進德修業，踐履篤行，就必能再創黃埔的歷史，完成中興復國的革命大業。

親愛的同學們！今天大家畢業了，但這只是學校教育階段的結束與遠大事業前程的開始，在各位即將踏入國軍部隊，深入基層，負起保國衛民光榮責任的時候，我懇切的希望你們要立大志向，下大決心，負大責任，創大事業，為完成反共復國的革命大業奮力以赴！為達

成三民主義統一中國的時代使命勇往邁進！

祝大家身體健康，事業成功！

11 月 9 日　星期日
下午

三時廿六分，在大直寓所見沈秘書長昌煥。

四時四十七分，見馬秘書長樹禮。

五時三十四分，見秦主任委員孝儀。

11 月 10 日　星期一
總統今天以「學以致用」匾額，頒贈國立成功大學，慶賀該校四十週年校慶。

上午

十時七分，至圓山飯店理髮。

十一時七分，在府見沈秘書長昌煥。

十一時三十二分，見李副總統。

下午

四時十七分，在大直寓所見汪部長道淵。

11 月 11 日　星期二
下午

四時十分，在大直寓所見馬秘書長樹禮。

五時四十二分，見沈秘書長昌煥。

11 月 12 日　星期三

九時四十六分，在府見沈秘書長昌煥、汪參軍長敬煦。

十時，主持中樞紀念國父誕辰大會。

十時二十三分，見國父家屬孫治平先生夫婦等人。

十時二十七分，見沈秘書長昌煥。

十時三十一分，接見美前參謀首長聯席會主席威塞將軍。

十一時二分，接見美聯邦眾議員柯斯梅夫婦、貝慈夫婦、聯邦參議院督察長賈西亞夫婦。

下午

四時三十一分，在大直寓所見汪部長道淵。

五時二十七分，見宋主任楚瑜。

11 月 13 日　星期四

上午

八時三十八分，在府見李副總統。

九時一分，見中央黨部邵副秘書長恩新。

九時十六分，見許主任歷農。

九時三十分，見臺北市許市長水德，垂詢多項市政建設，並囑特別照顧基層勤務人員。

九時四十五分，見陸軍蔣總司令仲苓。

十時四分，接見宏都拉斯國會議長孟多亞、副議長卡斯提佑。

十時二十八分，接見美聯邦眾議員休斯夫婦、費恩夫婦。

十一時十分，見臺北市黨部陳主委金讓。

下午
五時三分，在大直寓所見馬秘書長樹禮。

11 月 14 日　星期五
下午
三時四十二分，在府見汪部長道淵。
三時五十五分，見臺北縣林縣長豐正、洪議長吉春、黨部朱主委甌。
四時二十四分，見宜蘭縣陳縣長定南、羅議長國雄、黨部劉主委文正。
四時五十九分，見桃園縣徐縣長鴻志、吳議長烈智、黨部封主委惠南。
五時十九分，見新竹縣陳縣長進興、曾議長勝枃、黨部周主委冠中。
五時三十三分，見苗栗縣謝縣長金汀、徐議長文治、黨部蘇主委進士。

11 月 15 日　星期六
上午
九時九分，在府見臺中縣陳縣長庚金、黃議長正義、黨部林主委平原。
九時二十三分，見彰化縣黃縣長石城、陳議長紹輝、黨部傅主委忠雄。
十時五分，見南投縣吳縣長敦義、粘議長國西、黨部秦

主委金生。

十時二十九分，見雲林縣許縣長文志、歐議長明憲、黨部黃主委天從。

下午

三時四十六分，在府見嘉義縣何縣長嘉榮、邱議長天照、黨部張主委晉相。

四時十六分，見臺南縣李縣長雅樵、周議長清文、黨部沈主委銘鐘。

四時二十九分，見高雄縣余陳縣長月瑛、吳議長珠惠、黨部陳主委大代。

四時四十一分，見屏東縣施縣長孟雄、郭議長廷才、黨部顏主委文一。

五時，見沈秘書長昌煥。

11月16日　星期日

下午

四時二十三分，至士林官邸覲見先總統夫人。

六時七分，在大直寓所見馬秘書長樹禮。

八時二十分，見宋主任時選。

11月17日　星期一

上午

九時十五分，在府見臺東縣鄭縣長烈、林議長蚌珠。

九時三十六分，見花蓮縣陳縣長清水、李議長傳芳、吳主委春明。

九時五十一分，見澎湖縣歐縣長堅壯、鄭議長永發、鄧主委思善。

十時十分，見汪部長道淵。

十時二十六分，見基隆市張市長春熙、郭議長民通、吳主委夢雄。

十時五十分，見郝總長柏村。

十一時十一分，見沈秘書長昌煥。

下午

三時十八分，在府見國家安全局宋局長心濂。

三時五十七分，見新竹市任市長富勇、鄭議長再傳、于主委宗海。

四時六分，見臺中市張市長子源、林議長仁德、黃主委嘉雄。

四時二十四分，見嘉義市張市長博雅、吳議長惠、李主委聰熙。

四時四十一分，見臺南市林市長文雄、張議長坤山、林主委武俊。

五時二分，見汪部長道淵。

五時三十七分，見沈秘書長昌煥。

11 月 18 日　星期二

上午

九時八分，在府見許主任歷農。

九時三十一分，見聯合報王董事長惕吾。

十時，主持軍事會談。

十一時十分，見郝總長柏村。

下午

三時十五分，在府見汪部長道淵。

三時二十九分，在府見國科會陳主委履安。

四時四分，見美國聯邦眾議員蕭克萊夫婦。

四時二十六分，見沈秘書長昌煥。

四時二十九分，見法務部調查局翁局長文維。

四時四十七分，見經濟部國營會王副主委玉雲。

五時五分，見宋主任楚瑜。

11月19日　星期三

上午

七時五十七分，在中央黨部見馬秘書長樹禮。

八時二十三分，見馬秘書長樹禮、臺北市許市長水德、
張議長建邦、陳主委金讓。

八時四十四分，見馬秘書長樹禮、俞院長國華。

九時，主持中常會。在會中指出，國家安全、社會安
和、民眾安康，是執政黨一貫致力的政策目標，希望參
加增額中央民意代表競選的全體同志，本此目標，全力
以赴，為國家、社會、民眾竭誠服務。此外，中常會在
聽取文建會工作報告後，並作成決議，對該會近年推動
各項文化工作具有成效，予以嘉勉。

十時十四分，見馬秘書長樹禮、高雄市蘇市長南成、黨
部吳主委挽瀾。

下午

四時五十分，在大直寓所見秦主任委員孝儀。

11 月 20 日　星期四
下午

五時四十分，在大直寓所見汪部長道淵。

11 月 21 日　星期五
下午

二時五十七分，至圓山飯店理髮。

四時五分，在府見汪部長道淵。

四時二十三分，見退輔會鄭主任委員為元。

四時五十四分，見馬秘書長樹禮。

五時二十三分，見朱部長撫松。

11 月 22 日　星期六
上午

九時十五分，在中央黨部見馬秘書長樹禮。

九時二十六分，見馬秘書長樹禮、宋主任時選。

十時十五分，在府見黃院長少谷。

十一時十三分，見汪部長道淵。

十一時四十六分，見沈秘書長昌煥。

下午

四時三十六分，在大直寓所見俞院長國華。

五時四十七分，見宋主任楚瑜。

11月23日　星期日

今為薩爾瓦多共和國總統杜華德華誕，總統特致電申賀。

下午

四時三十五分，在大直寓所見汪部長道淵。

六時七分，見郝總長柏村。

11月24日　星期一

上午

九時二十一分，在中央黨部見馬秘書長樹禮。

九時五十四分，見馬秘書長樹禮、邵副秘書長恩新。

十時十分，見馬秘書長樹禮、邵副秘書長恩新、組工會宋主任時選。

十時五十八分，在府見倪院長文亞。

十一時二十九分，見中央銀行張總裁繼正。

下午

五時十九分，在大直寓所見宋主任楚瑜。

11月25日　星期二

下午

二時四十六分，在中央黨部見馬秘書長樹禮。

三時四十一分，在府見沈秘書長昌煥。

四時十分，見汪部長道淵。

四時二十三分，見陳主任委員雪屏。

四時三十八分，見李副總統。

五時，見郝總長柏村。

11 月 26 日　星期三

上午

八時十七分，在中央黨部見馬秘書長樹禮。

八時五十分，見俞院長國華。

九時，主持中常會。

十時六分，見中國時報余董事長紀忠。

十時三十五分，見馬秘書長樹禮。

十時五十分，在府見沈秘書長昌煥。

十一時，見美國聯邦參議員凱斯頓夫婦。

下午

四時四十一分，在大直寓所見宋主任楚瑜。

五時五十二分，見汪部長道淵。

11 月 27 日　星期四

下午

三時五十四分，至圓山飯店理髮。

四時二十七分，在中央黨部見馬秘書長樹禮。

四時四十分，見宋主任時選。

五時三十二分，在府見汪部長道淵。

五時四十八分，見沈秘書長昌煥。

六時六分，見汪部長道淵。

11月28日　星期五
下午

四時十九分，至士林官邸覲見先總統夫人。

六時三分，在大直寓所見汪部長道淵。

11月29日　星期六
蔣主席指示輔選單位，應約束執政黨籍候選人，確實遵守選罷法規範。

中國工程師學會聯合年會今天揭幕，總統特頒「創新精進」題詞祝賀。

上午

九時二十五分，在中央黨部見馬秘書長樹禮。

十時八分，在府見馬副局長英九。

十時四十七分，見汪部長道淵。

十一時三分，見郝總長柏村。

下午

五時三分，在大直寓所見馬秘書長樹禮。

六時，見俞院長國華。

11月30日　星期日
主席今在中央黨部垂詢各地區競選活動情況後，並發表談話，期勉執政黨全體候選人，秉持一切為國為民胸懷競選。也希望大家共同努力改善選舉風氣，提升民主政

治品質，為開創光明坦途奠定基石。

上午
九時四十三分，在中央黨部見馬秘書長樹禮。
十時十一分，見宋主任時選。
十時二十二分，見汪部長道淵。

下午
四時三十四分，在大直寓所見沈秘書長昌煥。
五時四十分，見宋主任楚瑜。
七時三十一分，見馬秘書長樹禮。

在中央黨部垂詢各地區競選活動情況後
發表談話

　　增額中央民意代表選舉是本黨推行民主憲政的大事。選舉是我們推動民主憲政所必須採取的作為，要辦好選舉，就必須要時時關心民眾，使政府及黨了解民眾的需求，也使民眾了解我們國家與本黨的政策。在革命事業的進程中，我們距離成功，還有一段很長的路要走，大家必須朝著目標繼續努力。本黨是革命民主政黨，回想本黨歷史，自總理創黨建國九十多年以來，我們無時不在歷經艱苦奮鬥與考驗，克服一個一個的困難，又一步一步的向前邁進。大家都很清楚，每一段歷程的艱難，以及我們又是怎樣適應和突破，而終能克服種種險阻，繼續求得進步和發展。

　　從三十八年金門古寧頭之戰、大陳島的撤退、八二三

砲戰、八七水災、退出聯合國、日匪建交、石油危機、經濟蕭條、中美斷交，還有其他等等許多的困難，這些往事，在座各位或曾身臨其境或曾親身處理。想到當年發生這許多事情的時候，每件都足以動搖人心，造成社會不安，但是這一個接一個的困難，都因我們的團結努力而一個接一個的克服。以退出聯合國與中美斷交這幾個事例來說，那時環境是多麼險惡，但我們還是克服了。這是什麼原因？就是因為我們有總理所制定的主義，總裁所決定的政策，以及全體國民與全黨同志同心一德、團結奮鬥的力量。

所以在目前處境中，雖不免發生若干困難，但只要我們意志堅強，力量集中，大家一心一意為國、為黨奮鬥，貫徹國家及黨的政策，就必可克服一切困難辦好這次選舉。

最近有一位退休的美國友人在訪問金門時，曾經講過這樣的一段話，大意是：「我們研究歷史，當可發現由於少數人，在關鍵時刻作了正確的事情，當時他們所作之事，如以常理判斷，也許不合邏輯，但是他們仍然堅定而執著地去做，爾後卻使整個人類均受到影響，這就如金門古寧頭與八二三光榮事蹟。由於你們當時的堅毅執著，才有臺灣現在的奇蹟，因為有了臺灣奇蹟，才使大陸有現在的轉變。本人去年元月曾被邀請訪問中國大陸，不但到過許多地方，而且有機會和許多中共高級幹部談話，他們對鄧小平縱虎出柙之做法非常害怕，尤其幾位『長征』高幹，更是擔心共產中國將何去何從。他們就好像坐著這隻出柙猛虎的背上，面向後方抓

著它的尾巴，確是無法駕馭不知所終！依本人觀察，大陸的發展將有兩種可能：一是如火山爆發不可收拾，一是如高樓崩塌四分五裂。今天所以有這樣的情勢出現，都應歸功於當年防衛金門的鬥士，在此地所創造的光榮事蹟。」

這一段話非常有意義，也給了我們許多的啟示。這位外國友人，在金門砲戰時曾經去過金門，現在又到金門訪問。在他講話中還提到，有人認為臺灣一千八百萬人，怎樣能對抗十億人的大陸？以這樣小的地方，對抗幅員那樣大的敵人，不僅是不合邏輯，簡直是不可能的事。但是，他說我們卻做到了。

因此只要我們能堅持下去，奮鬥下去，最後必然會勝利成功。這就是革命的精神，總理的精神，和總裁的精神。

最近有若干同志來信，對黨處理當前若干事件的政策，表示不同的意見。這是關心國事，忠黨愛國的表現。對這些發生疑慮的問題，我們必須予以清楚的解釋，我們在反共復國的前題下，當前最重要的政策是國家安全，社會安定及全民福祉。這也是本黨的責任。當我們遭遇大風浪，狂風暴雨的衝擊時，最要緊的是對國家負責，對歷史交代。本黨不僅是革命民主政黨，更是對歷史、對國民、對國家絕對負責任的政黨。我們可以犧牲個人的一切，但不能放棄我們的責任。

選舉是民主的實現，民主的進步必須透過選舉。我們所追求的是真民主，不是假民主，是要中國真正成為一個總理所希望的民主共和國。基於此，本黨同志參加競選，首先要切記，我們的目的是為民服務，不是為個

人的權利和名位打算；我們的理想是奉獻，把自己奉獻
給民眾，奉獻給黨，奉獻給國家，這才是民主的根本。

日前我曾分別約見全省各縣市的縣長、市長、議
長、和黨部主任委員，就當前的情勢和任務交換意見。
因為好久未到基層訪問，對於每個鄉鎮、每個村里的朋
友，更有著難以形容的關心和懷念。交談中，我得到的
結論是無論政府首長、民意代表、黨部負責同志，大家
都在努力的做，向好的方面做；不過我總覺得，我們的
政府、我們的黨，與民眾之間還有一段距離；以致有許
多問題，我們希望解決，而沒有解決。我們不能因怕做
錯而不做，做錯了就應立即改正。今後在為民服務方面
我們要努力加強。本黨是全民的黨，必須依照總理所講
的「喚起民眾，共同奮鬥」，用全民的力量，粉碎任何
阻撓進步和破壞國家安全的企圖。

選舉是一項公平的政治競賽活動，這次增額中央民
意代表選舉，更是對我們加速貫徹民主憲政的又一次考
驗，凡本黨候選同志，一定要以身作則，切實守法、守
分、守紀；遵守節約原則，保持民主風度，從事君子之
爭；在施展個人政治抱負的同時，要以達成本黨的理想
與奮鬥目標為己任，一切以國家利益為重，一切以民眾
福祉為先，建立高度的責任感和使命感，為國家為同胞
作最大的貢獻。也希望經由本黨工作幹部與參選同志的
共同努力，改善選舉風氣，提升民主政治的品質，為開
創光明坦途奠定基石。

展望未來，任重而道遠，深信只要我們堅持理想，
把握目標，奮鬥不懈，終將到達成功的境域。

12 月 1 日　星期一

上午

九時一分，在中央黨部見馬秘書長樹禮、郭副秘書長哲。

九時二十七分，加見宋主任楚瑜。

九時四十五分，在府見郝總長柏村。

十時，見汪部長道淵。

十時二十三分，見許主任歷農。

十時四十分，見沈秘書長昌煥。

下午

五時十九分，在大直寓所見秦主任委員孝儀。

12 月 2 日　星期二

上午

九時二十分，在府見汪部長道淵。

九時二十七分，見沈秘書長昌煥。

十時，主持軍事會談。

十一時十分，見汪部長道淵。

十一時三十七分，見沈秘書長昌煥。

下午

四時四十分，在大直寓所見宋主任楚瑜。

五時四十六分，見李部長煥。

12月3日　星期三

第十屆中美工商界聯合會議今在臺北舉行，總統特頒書面賀詞，勗勉與會代表，充分交換意見，使中美經貿關係，在互惠互利原則下，開創新紀元。

上午

八時三十二分，在中央黨部見馬秘書長樹禮。

八時四十九分，見汪部長道淵。

九時，主持中常會。在會中主席對省市兩位首長最近處理中興大橋橋墩塌陷事件，所作明快的應變措施，表示讚許。

下午

六時十一分，在大直寓所見宋主任楚瑜。

九時二十六分，見馬秘書長樹禮。

十時三十分，見秦主任委員孝儀。

12月4日　星期四

上午

八時四十七分，在中央黨部見馬秘書長樹禮。

八時五十一分，見宋主任時選。

九時三十二分，在府見沈秘書長昌煥。

九時五十八分，見美中經濟協會理事長大衛甘迺迪夫婦，執行長莫偉禮夫婦。

十時二十分，見沈秘書長昌煥。

十時三十分，接見美國阿肯色州州長克林頓、南達科他

州州長詹克羅、堪薩斯州州長卡林、科羅拉多州州長
羅麥及聯邦參議員穆考斯基、眾議員李蘭德、眾議員
孟森。

十時五十九分，接見美國前國家安全顧問克拉克。

十一時十二分，見安全局宋局長心濂。

十一時二十九分，見汪部長道淵。

下午

五時四十一分，在大直寓所見宋主任楚瑜。

12 月 5 日　星期五
上午

十時二十五分，在大直寓所見馬秘書長樹禮。

下午

四時七分，至圓山飯店理髮。

四時四十七分，在中央黨部見馬秘書長樹禮。

五時十四分，加見郭副秘書長哲。

五時十六分，加見馬副秘書長英九。

五時十七分，加見宋主任時選。

五時二十六分，加見宋主任楚瑜。

12 月 6 日　星期六
上午

八時一分，至力行新村投票所為選舉增額中央民意代表
投票。

八時二十八分，在中央黨部見馬秘書長樹禮。

八時四十二分，見警總陳總司令守山、馬秘書長樹禮。

下午

四時二十三分，在大直寓所見秦主任委員孝儀。

五時三十分，見俞院長國華。

八時五十一分，在中央黨部見馬秘書長樹禮。

八時五十三分，先後見俞院長國華、馬秘書長樹禮、宋
主任時選、宋主任楚瑜。

12月7日　星期日

下午

一時八分，在大直寓所見馬秘書長樹禮。

三時十分，見汪部長道淵。

八時八分，見沈部長昌煥。

12月8日　星期一

下午

六時三分，在大直寓所見秦主任委員孝儀。

八時五十三分，見宋主任時選。

12月9日　星期二

九時二十七分，在府見汪部長道淵。

九時三十二分，見張副秘書長祖詒。

九時五十七分，接見日本產經新聞社董事長鹿內信隆
夫婦。

十時十七分，見秦主任委員孝儀。

十時二十七分，見宋主任楚瑜。

十一時五分，見許主任歷農。

十一時二十一分，見宋主任楚瑜。

下午

八時五十七分，在大直寓所見馬秘書長樹禮。

12 月 10 日　星期三

上午

八時四十一分，在中央黨部見馬秘書長樹禮。

九時，主持中常會。會中主席聽取關於此次增額國大代表及立法委員選舉工作與輔選檢討報告後指出，越是要推動民主憲政向前發展，就越要有嚴正的法治精神做基礎，更需要黨的同志實踐法治的規範，做為社會大眾的標尺，然後民主憲政才不會踏空，才不致於被那些脫法的行為所斷送，此外，會中並核定了本年增額監察委員選舉提名名單，同時內定鍾時益為監察院審計部審計長。

十時三十九分，見倪院長文亞。

十一時六分，見馬秘書長樹禮。

下午

八時五十二分，在大直寓所見郝總長柏村。

中常會談話

我們今天是在戡亂階段，而又處於憲政時期。憲政的大前提，是一方面必須接納大眾的意見，一方面也要激起全民參與的熱忱，然後才能有效的推動主權在全民的政治。所以，黨的每一項作為，都要對國家、對社會、對歷史、誠心誠意負責到底，而不好意氣用事，逞快一時，要知道，只有堅持良知責任，才是最大的政治道德勇氣。

再說黨的工作，特別是選舉工作，不是一種臨時的、單一性的工作，而是要靠平時的努力與耕耘。因此，只有同志之間，大家齊心協力，積年累月，集結一切心血能力，為黨工作、為民服務，然後自自然然會在選舉中投入，並在選舉中得到民眾向心力的總表現。因此，黨是一定要督同當選同志，實踐自己的競選諾言，也要從政從業同志，一起來協同幫助實現其合理而且可行的競選主張。

記得吳稚暉先生就曾經說過：「你一心一意的想老百姓，老百姓也會一心一意的想著你。」這句話雖然很淺顯，但道理卻是顛撲不破的。

總之，越要推動民主憲政向前發展，就越要有嚴正的法治精神做基礎，更需要黨的同志實踐法治的規範，做社會大眾的標尺，然後民主憲政才不會踏空，才不至於被那些脫法的行為所斷送。這也就是說，無法治即無民主之可言！而民主則必須是以守法的精神做基礎的民主！我們今後特別要讓每一國民對民主與法治的不可分性，都有清清明明的正確認知，以提升選民民主自由生

活的品質，確保民主憲政運作的勝利和成功。

中國國民黨增額監察委員選舉提名名單

臺灣省（應選十二名，提名九人）

黃尊秋　　　黃光平　　　謝崑山

林榮三　　　張文獻　　　柯明謀（新）

李詩益（新）　陳恆盛（新）　鍾榮吉（新）

臺北市（應選五名，提名三人）

許炳南　　　羅文富（新）　谷家華（新）

高雄市（應選五名，提名三人）

朱安雄　　　洪俊德　　　李存敬

12月11日　星期四
【無記載】

12月12日　星期五
下午

三時三分，至圓山飯店理髮。

四時十四分，在府見李副總統。

四時四十八分，見郭副總長汝霖。

五時二分，見張副秘書長祖詒。

12月13日　星期六
沙烏地阿拉伯國王法赫德之叔父穆薩伊德親王逝世，總統特致電慰唁。

上午

八時二十七分，在府見汪部長道淵。

九時，見張副秘書長祖詒。

九時十四分，見馬秘書長樹禮。

十時八分，見沈秘書長昌煥。

下午

四時二十七分，至士林官邸覲見先總統夫人。

五時五十四分，在大直寓所見宋主任楚瑜。

12 月 14 日　星期日

下午

四時五十五分，在大直寓所見俞院長國華。

12 月 15 日　星期一

上午

九時三十五分，在府見總長辦公室第一組方參謀一鳴。

九時四十六分，見汪部長道淵。

十時，接見美國聯邦眾議員雅川夫婦、吉爾曼、赤鶴夫婦、阿克曼、所羅門夫婦、前眾議員伍爾夫等九人。

十時三十三分，接見美國聯邦眾議員拉塔夫婦、應格理士、瓜利尼、李查森、羅傑士夫婦、前美國中央情報局局長柯比、前美國駐巴貝多大使柯比等九人。

十一時，見沈秘書長昌煥。

十一時四分，見黨務顧問胡一貫。

十一時十三分，見國民大會何秘書長宜武。

十一時二十四分,見海軍劉總司令和謙。

12 月 16 日　星期二
亞洲太平洋國會議員聯合會第廿二屆大會,今在日本東京舉行開幕典禮,總統特以書面賀詞致賀。

上午
十時三分,在大直寓所見宋主任楚瑜。

下午
四時,在大直寓所見汪部長道淵。
五時三十八分,見馬秘書長樹禮。

亞洲太平洋國會議員聯合會第廿二屆大會書面賀詞
亞洲太平洋國會議員聯合會第二十二屆大會全體代表公鑒:

亞洲太平洋國會議員聯合會第二十二屆大會,今天在日本東京舉行,為維護亞太地區的安全與和平,促進亞太自由國家的發展與繁榮而努力,意義至為重大。

當前國際形勢之重心,已逐漸向亞洲轉移,此一地區自由國家的經濟合作、文化交流及共同安全,亦倍受國際關切;我亞太自由國家與人民允宜團結合作,高瞻遠矚,發揮道德勇氣,為開拓光明前途而奮鬥。

茲值大會召開之際,各國碩彥齊聚一堂,共策嘉猷,深信必能謀求亞太自由國家人民共同之最大福祉。

特此申賀，並祝大會圓滿成功，各位代表健康愉快。

　　　　　　　　　中華民國總統　蔣經國

　　　　　中華民國七十五年十二月十六日

12月17日　星期三
上午

八時四十一分，在中央黨部見馬秘書長樹禮。

八時五十分，見馬副秘書長英九。

九時，主持中常會。

十時三分，見馬秘書長樹禮、沈秘書長昌煥。

十時五十八分，在府見沈秘書長昌煥。

十一時，接受哥斯大黎加新任駐華大使謝如基呈遞到任國書。

12月18日　星期四
下午

三時三十六分，在府見沈秘書長昌煥。

四時，接見多明尼加卸任駐華大使貝格羅。

四時九分，見沈秘書長昌煥。

四時二十五分，接見甫獲今年諾貝爾化學獎之中央研究院院士李遠哲博士夫婦，對其在科學上之卓越成就與多年來對國家之貢獻，極表嘉許。

四時五十分，見北美協會駐美程副代表建人。

五時四十分，見汪部長道淵。

12 月 19 日　星期五

本年好人好事代表表揚大會，今在臺北中山堂舉行，總統特頒書面賀詞，勖勉國人向這些代表們見賢思齊，相與為善，開創更美好明天。

下午

五時五十一分，在大直寓所見馬秘書長樹禮。

12 月 20 日　星期六

諾魯共和國新任總統亞德安於本月十二日就職，總統特致電申賀。

明日係日本自民黨日華關係議員懇談會會長灘尾弘吉八十八歲壽辰，總統特以「高風亮節」壽軸向其祝賀，並由我駐日代表馬紀壯轉致。

上午

十時五分，在府見沈秘書長昌煥。

十時二十三分，見郝總長柏村。

下午

三時四十五分，在大直寓所見俞院長國華。

12 月 21 日　星期日

上午

十時十九分，在大直寓所見秦主任委員孝儀。

12月22日　星期一
下午

四時三十二分，在府見李副總統。

四時五十七分，見郝總長柏村。

五時十六分，見馬秘書長樹禮。

12月23日　星期二
上午

九時三十五分，在府見汪部長道淵。

九時五十五分，主持軍事會談。

下午

六時一分，在大直寓所見馬秘書長樹禮。

總統特撥發春節專款，慰問大專院校教師終年教學之
辛勞。

12月24日　星期三
上午

八時二十八分，在中央黨部見馬秘書長樹禮。

八時三十六分，見臺灣省府邱主席創煥。

九時，主持中常會。會中主席指示儘速研究在中央設勞
工局，以強化勞工行政效率、增進勞工生活福祉。此
外，主席於聽取臺省府邱主席工作報告後，再度指示要
做好基層行政和服務工作，並強調不但要執政黨永遠和
民眾在一起，並要做到使民眾永遠和執政黨在一起的目

標。同時通過決議文，對臺灣省從政同志一年來的工作，甚著績效，表示嘉勉。常會並通過內定于建民為行政院主計處主計長。

十時三十二分，在府見汪部長道淵。

十時四十二分，見沈秘書長昌煥。

十時四十四分，見駐印尼彭代表傳樑。

十一時，接見多明尼加新任駐華大使羅伯斯，並接受到任國書。

下午

三時二十二分，至圓山飯店理髮。

四時三十三分，在府見郝總長柏村。

四時五十三分，見李部長煥。

五時二十分，見青工會高主任銘輝。

六時四十八分，至士林官邸參加家宴，於八時三十分偕夫人返大直寓所。

總統今敦聘錢穆先生為總統府資政，並派沈秘書長昌煥到錢先生寓所面致聘書。

12月25日　星期四　中華民國行憲三十九週年紀念

上午

總統於九時親臨中山堂主持行憲紀念大會。除口頭致詞期勉大家把國家導入民主憲政的軌道外，並在書面講詞中，告訴全國同胞，復興基地堅決貫徹民主憲政，已使這一莊嚴偉大日子的光芒普照大陸。

十時二十六分，在大直寓所見宋主任楚瑜。

中華民國七十五年行憲紀念大會
國民大會憲政研討委員會第二十一次全體會議
暨國民大會代表年會開會致詞

諸位代表先生：

　　時間過得真快，又是一年快過去了。在中華民國七十六年即將來臨的時候，讓經國先向各位拜個早年。

　　回顧過去的三十多年間，國家曾經遭遇不少困難，但是都因為大家能夠朝著反共復國總目標團結奮鬥，終能克服困難，渡過險惡的關頭，使復興基地日益壯大。

　　記得先總統蔣公在民國三十九年復行視事的前夕，鑒於大陸失敗的教訓，曾勉勵我們要「親愛精誠，團結奮鬥。」蔣公當時並且說道：「中華民國的法統寄託在中華民國的憲法上面，我尊重憲法，也尊重憲法上的民主制度。大家要能夠做到民主國家國民的責任，把國家導入民主憲政的軌道。」此時此刻，恭讀蔣公的訓示，使我們更加覺得所負責任之重。

　　國民大會受全體國民的付託，代表全中國的國民行使政權，經國願與諸位先生共相策勉，結合全體國民的心力與智慧，完成此一歷史性的重責大任。

　　今天欣逢貴會召開大會，經國有一篇書面講詞，與大家共勉。並祝大會圓滿成功，諸位先生身體健康，謝謝大家。

書面講詞

諸位代表先生：

今天是中華民國行憲三十九週年紀念，而我們的憲法，歷經千辛萬苦，制定完成，恰好四十年了。雖因共匪全面叛亂，國家遭遇到非常危難，使憲法不能施行於全國，但我們在復興基地堅決貫徹民主憲政，積極弘揚憲法精神，已使這一莊嚴偉大日子的光芒，普遍照耀了大陸。

我們憲政建設的成果，來自國父遺教的正確指引、先總統蔣公的英明領導和全國同胞的精誠團結，尤其是貴會全體代表先生對守憲護憲的勇毅忠忱和無私奉獻，都將在我們建國里程上留下輝煌的史頁。

最近為適應未來發展需要，於執政黨的籌謀策劃之下，政府正在推動一系列的革新措施，希望能由這些措施，帶動國家全面的進步，為全民創造長遠的利益，更為復國大業奠定成功的根基。當然，「革新」必須是前瞻性的、是突破性的，但也必須是承先啟後的、是繼往開來的。因之，在一切革新措施中，唯有把握住確保國家安全和憲政體制的最高原則，務本務實，才能在進步與發展的過程中，不致偏失，才能達到革新的效果。

不久以前經國曾經說過：「個人的生死毀譽並不足惜，重要的是國家民族的命脈，有賴我們大家繼續傳承。」所以特別強調，今天的革新措施，不是為了一黨之私，更不是為了個人利益，而是要以「向國家負責，向歷史交代」的態度，要為全體人民的生活福祉，謀求更大的增進，為國家民族的前途再創新機。

　　國民大會受全體國民的付託，制定憲法，並代表全
國國民行使政權。諸位代表先生為維護憲法、保衛國體
所作的貢獻，久已獲得國人共欽；尤當非常時期，貴會
善體國民公意，本諸神聖權職，使行憲戡亂並行不悖，
保全國家生機，更為全民所敬佩。今天我們進行的每一
重大改革，在在有關民主憲政的前途，國家的根本，為
此經國特別要向貴會鄭重提出幾點說明：

一、國民大會根據憲法第一百七十四條所定程序，依照
　　制憲方式，慎重制定和修正的動員戡亂時期臨時條
　　款，已屬憲法的一部份，與憲法具有同等的尊嚴、
　　同等的效力。因之，憲法及其臨時條款構成的現行
　　憲政體制，自當絕對遵守與尊重。

二、有關改革的任何措施，必循憲政體制進行，臨時條
　　款的修正或廢止，都是國民大會的職權，未經國民
　　大會決定，不得作任何變更。

三、政治結社和政黨活動，應依民主法治的常軌，在中
　　華民國憲法的基礎上，服膺反共基本國策，遵行有
　　關法令的規範，執政黨必以大公無私的胸懷，從事
　　平等、合法的運作，始終如一。

　　諸位代表先生：我們深知，整個中國的未來和希
望，繫於復興基地的壯盛強大，日新又新。我們一切作
為，必須要為重建大陸樹立範式，所以我們實踐三民主
義的意志和力行憲政建設的決心，一定貫徹到底。我們
將以完全的誠意來推動政治法律制度的革新，同時也必
堅定的負起責任，來衛護國家社會的安全。當然，在革
新的路途中，不免遭遇若干困難，不過，我們認為，政

治應求容忍，法制則不假寬容，希望大家明辨是非，團
結一致，發揮和衷共濟的精神，使民主憲政的發展步入
康莊大道。

革新只是過程，是來達到復國建國目標的手段，所
以革新的行動必須是整體的、一貫的。我們期待諸位代
表先生多予指教和支持，共同完成三民主義民主憲政的
千秋大業。

敬祝大會圓滿、各位健康！

謝謝大家！

12 月 26 日　星期五

本府資政連震東先生逝世今日出殯，總統特頒褒揚令及
「軫懷耆藎」輓額悼念。

下午

五時一分，在大直寓所舉行茶會招待新加坡總理李光耀
夫婦等人。

12 月 27 日　星期六

「世界顯密佛學會議」今在高雄縣佛光山揭幕，總統特
頒書面賀詞。

下午

四時六分，在大直寓所見俞院長國華。

12 月 28 日　星期日

下午

四時四十三分，在大直寓所見汪部長道淵。

12 月 29 日　星期一

總統日前在軍事會談中，對國軍官兵過去一年致力提升
有形無形戰力表示嘉勉。今由參謀總長郝柏村於主持國
防部國父紀念月會時轉達。

下午

五時四十三分，在大直寓所見馬秘書長樹禮。

12 月 30 日　星期二

下午

二時四十分，至圓山飯店理髮。

三時三十九分，在府見沈秘書長昌煥。

四時十六分，見汪參軍長敬煦。

四時二十九分，見監察院審計部卸任張審計長導民、新
任鍾審計長時益、新任行政院于主計長建民。

四時四十六分，見新任陸軍官校湯校長元普。

四時五十三分，見新任陸軍三十二軍郭軍長達沾。

五時，見郝總長柏村。

12 月 31 日　星期三

上午

八時三十六分，在中央黨部見馬秘書長樹禮。

九時，主持中常會。會中主席勉勵全體同志在即將到來的新的一年中，要努力追求革新，加強黨員與黨的仁義關係，做好以服務代替領導的工作，本著一切「以民為先、以國為本」的精神與目標，奮鬥邁進，使我們更發展、更壯大、更成功。

十時二十二分，見謝資政東閔。

十時四十三分，見馬秘書長樹禮。

下午

六時二十九分，在大直寓所見秦主任委員孝儀。

中常會講話

　　民國七十五年到今天已經結束，在過去的一年當中，我們雖然遭遇了許多困難，但我們卻由困難中堅強了起來。由於本黨基本政策上是正確的；全體同胞，全黨同志奮鬥的目標是一致的，因此我們能夠突破許多困難，使反共復國的力量日益壯大；我們在經濟、國防、政治及其他各方面所表現的進步，也使我們對未來更具信心。然而，我們絕不可因此而自滿、自大。際此歲末年終，我們應虛心檢討過去的得失，以更積極、更求新、更合作的態度，來推動和執行各項工作，而使新的一年有更多的成就，更大的進步。尤其是此刻，看到中國大陸一片混亂，共匪面臨走投無路的時候，我們更要把握時機，堅定信念，掌握正確目標與方向，從自我革新進步中，去迎接勝利的光輝。

　　談到黨的革新，今後最重要的是要加強黨員與黨

的關係，也就是加強黨員與黨之間的仁義關係，不是
利害關係。孟子梁惠王篇的第一句話就說：「孟子見
梁惠王，王曰：『叟！不遠千里而來，亦將有以利吾
國乎？』孟子對曰：『王何必曰利？亦有仁義而已
矣！』」這段話已清楚指出，我們應該重「義」而輕
「利」。黨員入黨，所信仰的是主義，要實現的也是主
義，因此，基本上，黨員對黨的關係，便是一種奉獻，
而不是要從黨的方面得到代價，得到利益。而所謂的奉
獻，就是為黨服務，為社會服務，為民眾服務。奉獻服
務應被視為是黨員的責任和黨員的義務。

關於黨務工作，在組織、訓練、文化、社會……及
其他各方面，相信也都有值得研究改進的地方。例如我
們的組織如何更能符合革命的要求；我們的訓練如何才
更能與社會的需求結合；我們的文化工作如何能更求貫
徹主義思想；我們的社會工作如何能更接近農工商等各
行業團體……等等皆然。經國以為，全體黨工人員，只
要能以民眾的生活為生活，民眾的想法為想法，去展開
工作，一定會把工作做好，而見到耕耘後的收穫。

在上次中央常會中，經國曾經提到要加強基層行政
服務的改革，其中包括了工商登記、建築管理、地政、
警政、稅務、司法及消除環境污染等方面，這些工作一
定要負責，認真地去做，才能使民眾得到福祉。

我們已經從軍政、訓政到了今天的憲政時期，在這
三個不同的革命階段，各有其不同的環境，而應有不同
的做法。在憲政時期的今天，我們必須以服務代替領
導，本著一切「以民為先，以國為本」的精神和目標，

奮鬥邁進，才能使我們更發展，使我們更壯大，使我們更成功。

　　記得總裁曾經講過：每個人在每天睡覺以前，應當想一想今天做了些什麼？所做的事，什麼是對？什麼是錯？對的明天要加強去做，錯的明天就要改進。這是很簡單的自我反省與檢討方法。一年過去了，如今我們也需要做這樣的反省與檢討，以迎接新的一年的到來。

　　各位常務委員，各位負責同志，在過去一年中工作辛勞，極大多數的工作同志，也有積極的貢獻與成果，經國向大家表示感謝之意。經國也同時相信，成功是操在我們自己手中，不是別人，只要我們繼續不斷的革新與努力，必定能開創光明的前途，獲致最後的成功。

　　檢討過去，策勵將來，在此一元復始，萬象更新時，經國今天把內心的一些感觸，在這裡提出來勉勵大家，也勉勵自己，希望我們共同努力前進。謝謝大家。

民國日記 73

蔣經國大事日記（1986）
Daily Records of Chiang Ching-kuo, 1986

主　　編　民國歷史文化學社編輯部
總 編 輯　陳新林、呂芳上
執行編輯　林弘毅
美術編輯　溫心忻
封面設計　溫心忻
文字編輯　詹鈞誌

出　　版　 開源書局出版有限公司

　　　　　香港金鐘夏愨道 18 號海富中心
　　　　　1 座 26 樓 06 室
　　　　　TEL：+852-35860995

　　　　　民國歷史文化學社 有限公司

　　　　　10646 台北市大安區羅斯福路三段
　　　　　　　37 號 7 樓之 1
　　　　　TEL：+886-2-2369-6912
　　　　　FAX：+886-2-2369-6990

初版一刷　2021 年 5 月 20 日
定　　價　新台幣 350 元
　　　　　港　幣　90 元
　　　　　美　元　13 元
Ｉ Ｓ Ｂ Ｎ　978-986-5578-30-5

http://www.rchcs.com.tw

國家圖書館出版品預行編目 (CIP) 資料
蔣經國大事日記 (1986) = Daily records of Chiang
Ching-kuo,1986/ 民國歷史文化學社編輯部主
編 . -- 初版 . -- 臺北市 : 民國歷史文化學社有限公
司 , 2021.05

　面；　公分 . -- (民國日記 ; 73)

ISBN 978-986-5578-30-5 (平裝)

1. 蔣經國　2. 臺灣傳記

005.33　　　　　　　　　　　110006863